이번만 나를 강하게 하사

이번만 나를 강하게 하사

이찬수

규장

다시 한번 새롭게 되기를 바라는 간절한 부르짖음

태어날 때부터 어마어마한
하나님의 기대감을 갖고 태어난 인생,
민족을 위해 쓰임 받도록 하나님이 예비해놓으신 인생.
그런가 하면 하나님이 주신 그 고귀한 은사와 사명을
사사로운 데 허비하다가 끝내버린 인생.
이것이 삼손의 삶이다.

내가 삼손이라는 인물을 살펴봐야겠다고 생각한 것은,
가슴 아프게도 오늘 우리 주변에
삼손과 같은 인물이 너무 많이 눈에 띄기 때문이다.
우리 자신을 냉철하게 되돌아봐야 한다.

우리를 위해 십자가 보혈을 흘려주시고
지금도 우리를 위해 중보하고 계신 주님이
이 땅의 가슴 아픈 교회의 현실을 바라보시며 탄식하실 것 같다.
하나님은 우리가 사소한 것에
그 귀한 은사를 낭비하는 걸 원하지 않으신다.
나는 지금도 하나님 앞에서 더 높은 곳, 더 넓은 곳,
하나님나라의 동서남북을 바라보며 가슴 벅찬 꿈을 꾸기 원한다.

PART 3 여전히, 소망은 있다

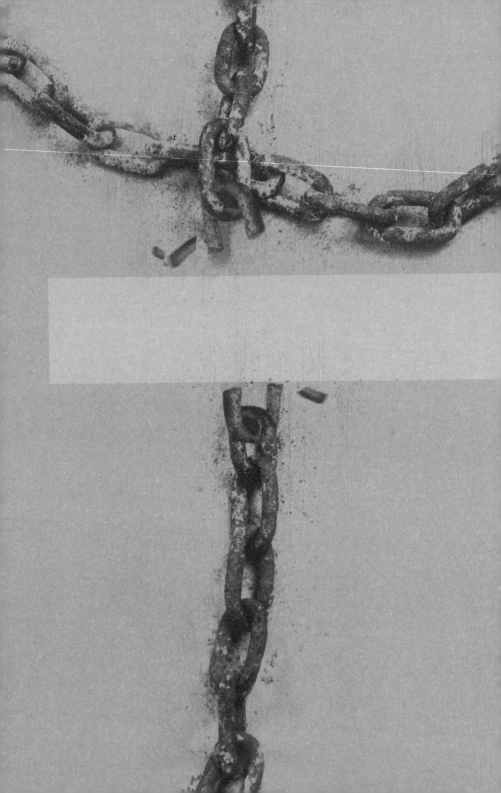

Part 1

지금, 돌이켜보라

사사기 13장 2-14절

소라 땅에 단 지파의 가족 중에 마노아라 이름하는 자가 있더라 그의 아내가 임신하지 못하므로 출산하지 못하더니 여호와의 사자가 그 여인에게 나타나서 그에게 이르시되 보라 네가 본래 임신하지 못하므로 출산하지 못하였으나 이제 임신하여 아들을 낳으리니 그러므로 너는 삼가 포도주와 독주를 마시지 말며 어떤 부정한 것도 먹지 말지니라 보라 네가 임신하여 아들을 낳으리니 그의 머리 위에 삭도를 대지 말라 이 아이는 태에서 나옴으로부터 하나님께 바쳐진 나실인이 됨이라 그가 블레셋 사람의 손에서 이스라엘을 구원하기 시작하리라 하시니 … 마노아가 이르되 이제 당신의 말씀대로 되기를 원하나이다 이 아이를 어떻게 기르며 우리가 그에게 어떻게 행하리이까 여호와의 사자가 마노아에게 이르되 내가 여인에게 말한 것들을 그가 다 삼가서 포도나무의 소산을 먹지 말며 포도주와 독주를 마시지 말며 어떤 부정한 것도 먹지 말고 내가 그에게 명령한 것은 다 지킬 것이니라 하니라

chapter **1**

구구단을 외자

사사기 13장에는 삼손의 아버지 '마노아'가 등장한다. 아들 삼손의 유명세에 비해 그의 아버지 마노아의 이름은 많은 이들에게 낯설고 생소할 것이다. 그도 그럴 것이, 성경에서 '마노아'는 사사기 13장에 서만 등장하는 이름이기 때문이다. 한마디로 삼손의 아버지 마노아 는 내세울 것 별로 없는 무명의 인물이었다.

그런데 나는 무명의 인물 마노아가 혼란한 시대를 살아가는 우 리가 주목해야 할 인물이라고 믿는다. 어떤 면에서 보자면 혼미한 이 시대를 살아가는 우리가 본받아야 할 샘플과 같은 인물이다.

우리는 신문에 이름이 오르내리는 성공한 인물들에만 주목하지 만, 그러나 사실은 세상적으로 유명하고 큰 자 같지만 하나님 앞 에서는 작고 초라한 인생이 있는가 하면, 반대로 세상에서는 지극 히 작고 이름 없는 자 같으나 하나님 앞에서는 영웅처럼 큰 자가 있다. 마노아가 바로 후자에 해당하는 그런 사람이다.

우리가 왜 무명의 인물 마노아를 주목해야 하는지를 먼저 설명해보자. 우선, 마노아가 살던 그 시대는 우리가 사는 이 시대와 마찬가지로 극심한 타락의 시대였다.

> 이스라엘 자손이 다시 여호와의 목전에 악을 행하였으므로 여호와께서 그들을 사십 년 동안 블레셋 사람의 손에 넘겨주시니라 삿 13:1

나는 성경에 종종 등장하는 "여호와의 목전에 악을 행하였으므로"라는 문구를 볼 때마다 죄성을 가진 인간 세계의 공통점을 발견한다. 당시 사회도 타락하지 않은 영역이 없다고 할 정도로 뼛속 깊이 타락한 시대였는데, 그중에서도 성적인 타락이 극심했다. 사사기 19장을 보면 끔찍할 정도로 타락한 당시 상황이 적나라하게 기록되어 있다.

경건하고 거룩해야 할 레위인이 첩을 두었다는 것도 말이 안 되는데, 설상가상으로 그 첩이 불륜을 저지르고 본가로 도망을 갔다. 그래서 그 레위인이 첩의 집으로 가서 그녀를 잘 달래어 데리고 오는데, 그 과정에서 어느 노인의 집에 머물게 된다. 그런데 그 노인의 집에 낯선 이들이 머문다는 사실을 안 동네 불량배들이 몰려와서 동성 성폭행을 하려고 협박을 하는가 하면, 그 이후에 벌어진 일들은 민망하고 참담해서 입에 담기도 어려울 정도이다. 그 정도로 성적 타락이 극심했던 게 마노아가 살던 시대였다.

사람은 자기가 살고 있는 시대와 환경의 영향을 받지 않을 수 없는 존재가 아닌가? 그 시대 사람들도 마찬가지였다. 본문의 바로 앞 장을 보자.

그 뒤를 이어 베들레헴의 입산이 이스라엘의 사사가 되었더라 그가 아들 삼십 명과 딸 삼십 명을 두었더니 그가 딸들을 밖으로 시집보냈고 아들들을 위하여는 밖에서 여자 삼십 명을 데려왔더라 그가 이스라엘의 사사가 된 지 칠 년이라 삿 12:8,9

당시 신앙 지도자였던 사사 입산이 아들 30명과 딸 30명을 두었다는 것이 뭘 말하는 것이겠는가? 설마 부인 한 사람이 이 많은 자식들을 다 낳았다고 생각하는 사람은 없을 것이다. 그 뒤에 13절을 또 보자.

그 뒤를 이어 비라돈 사람 힐렐의 아들 압돈이 이스라엘의 사사가 되었더라 그에게 아들 사십 명과 손자 삼십 명이 있어 삿 12:13,14

신앙적으로 모범을 보여야 할 종교 지도자들이 첩과 여러 명의 부인을 거느리며 40명, 60명씩 아이들을 낳는 모습을 보면 느껴지는 게 무엇인가? 그들조차도 타락한 세상의 영향력 아래 놓여 있었다는 것이다. 앞장서서 신앙을 지도해야 할 사사들이 이 정도로 타락했다면 일반 백성이야 오죽했겠는가? 이것이 마노아가 살던 시대의 비참한 현실이었고, 성적으로 타락해 있던 당시 상황이었다.

마노아가 살던 시대를 살펴보면서 마음이 아픈 것은, 오늘 우리가 살고 있는 이 시대 대한민국의 모습도 마노아가 살던 그 시대와 별반 다르지 않기 때문이다.

지금 60대 이상 어른들이 생각하는 혼전순결과 10대, 20대의 젊은 사람들이 생각하는 혼전순결은 용어만 같지 완전히 다른 개념이다. 옛날 70년대까지만 해도 어느 연예인이 결혼하기 전에 아이부터 가졌다고 하면 더 이상 연예계 활동을 할 수 없을 정도로 큰 스캔들이었다. 그대로 은퇴 수순이다. 그러나 지금은 상황이 전혀 다르다. 결혼 전에 아이가 생겨도 본인이 직접 당당하게 밝힌다. 팬들의 반응도 "축하한다" 일색이다. 더 이상 연예계 활동 못 하고 매장당하는 일도 전혀 없다. 그만큼 세상이 달라졌다.

내가 가슴 아프게 바라보는 것은 이런 세상 가치관의 영향을 교회도 받고 있다는 사실이다. 우리가 잘 아는 유명한 목회자의 성적 타락 소식이 계속 전해지는 현실도 가슴이 아프고, 간혹 신앙생활하는 청년들이 자기가 교회 안에서 겪었다고 호소하는 믿기지 않는 사건과 사고들을 접할 때면 맥이 풀리고 낙심이 찾아온다. 어쩌다가 교회가 여기까지 왔나 하는 탄식이 나온 적이 벌써 여러 번이다. 이것이 세상의 영향을 받지 않을 수 없는 지상 교회와 성도들의 현실이다.

악한 시대의 영향을 받지 않았던 평범했던 한 사람

내가 마노아를 귀히 여기는 포인트가 여기에 있다. 마노아는 달랐다. 그는 타락했던 당시 사회의 영향력 아래 놓여 있지 않았다. 본문 2절을 보자.

> 소라 땅에 단 지파의 가족 중에 마노아라 이름하는 자가 있더라 그의 아내가 임신하지 못하므로 출산하지 못하더니 삿 13:2

그냥 슬쩍 읽고 넘어갈 수 있는 구절 같지만, 나는 이 짧은 한구절이 감동이 된다. 거듭 강조하지만 마노아가 살던 당시 사회는 타락이 극심했던 때였다. 신앙 지도자들조차 여러 명의 부인이나 첩을 두던 시대 아니었던가? 그런데 마노아는 그런 타락한 시대의 영향을 받지 않았다. 자기 아내가 아이를 갖지 못하는 상황이라면 '다른 부인을 얻어서 아들을 낳으면 되지'라고 생각해도 전혀 어색하지 않은 시대였을 텐데, 마노아는 그렇게 하지 않았다.

그는 세속적인 방법으로 자신의 욕구를 채우는 것이 아니라 우직하게 가정을 지키며 하나님의 뜻을 기다리던 경건한 사람이었다. 이런 마노아가 타락했던 당시 사람들의 입장에서는 융통성 없이 꽉 막힌 바보 같았을지 몰라도, 거룩과 순결을 중요하게 보시는 하나님은 이런 마노아의 모습을 결코 사소하게 치부하지 않으셨을 것이다. 바로 이것이 우리가 마노아에게서 배워야 할 중요한 모습이다.

하나님 보시기에
복 있는 사람

본문의 마노아를 보면 시편 1편의 말씀이 떠오른다.

> 복 있는 사람은 악인들의 꾀를 따르지 아니하며 죄인들의 길에 서지 아니하며 오만한 자들의 자리에 앉지 아니하고 오직 여호와의 율법을 즐거워하여 그의 율법을 주야로 묵상하는도다 시 1:1,2

시편 1편은 하나님께서 바람직하게 생각하시는 인간상을 '복 있는 사람'이라고 표현하는데, 3절에 보면 그 '복 있는 사람'의 모습을 '시냇가에 심은 나무'라는 이미지로 설명한다.

> 그는 시냇가에 심은 나무가 철을 따라 열매를 맺으며 그 잎사귀가 마르지 아니함 같으니 시 1:3

그런가 하면 하나님이 바람직하게 생각하지 않으시는 인간상을 '악인'이라는 표현으로 설명하고 있는데, 4절을 보자.

악인들은 그렇지 아니함이여 오직 바람에 나는 겨와 같도다 시 1:4

나는 '복 있는 사람'은 '시냇가에 심은 나무'라는 이미지로 설명하면서 '악인'을 '바람에 나는 겨'라는 이미지로 설명하는 시편 1편이 오늘 우리 시대에 주는 의미가 더 특별하다고 생각하는데, '시냇가에 심은 나무'가 매우 정적인 이미지를 풍기는 반면, '바람에 나는 겨'는 그 모습을 상상만 해도 매우 역동적인 이미지다. 나는 종종 이 두 이미지를 마음으로 그려본다. 오늘 우리 시대는 '바람에 나는 겨'가 아니고는 살 수 없는 시대 아닌가? 특히 우리나라는 더한 것같다.

내가 처음 미국에 이민 갔을 때가 1983년이었는데, 한국으로 돌아온 후에도 미국에 갈 때면 내가 살았던 동네를 종종 방문하곤 한다. 갈 때마다 내가 놀라는 것은 벌써 30년이 훨씬 지났는데도 바뀐 것이 별로 없이 예전 모습 그대로라는 점이다. 어쩜 그때 그 건물이 지금껏 그대로 유지될 수 있으며, 그때 그 가게가 지금도 그 모습 그대로 있을 수 있는지!

이에 반해 우리나라는 정말 역동적이다.

언젠가 전에 사역하던 서울 강남역 주변을 방문했다가 충격을 받았다. 그 짧은 몇 년 사이에 없던 빌딩이 즐비하게 들어섰는가 하면 모든 게 다 바뀌어 너무나 생소한 모습이었기 때문이다. 우리나라는 이처럼 역동적이다. 짧은 시간 안에 많은 것이 변하고 움직인다. 사실 이런 역동적인 모습이 활기차고 좋다. 이것은 사람도 마찬가지다. 앞뒤 꽉 막혀 있는 사람보다는 시류에 민첩하고 역동적인 사람이 눈에 더 들어오는 것은 당연한 현상 아닌가?

그런데 이상하게도 하나님께서는 그분이 바람직하게 생각하는 인간상인 '복 있는 사람'을 변화에 민감하지 않은 '시냇가에 심은 나무'로 표현하신 반면, 그분이 바람직하게 생각하지 않는 '악인'을 역동적인 이미지의 '바람에 나는 겨'로 표현하고 계신다. 생각해보니 정말 이상하지 않은가?

여기에 중요한 포인트가 있다. 비록 '바람에 나는 겨'는 시류에 민첩하고 빠릿빠릿한 장점이 있지만, 그 민첩함엔 어떤 기준이나 중심이 없다. 바람에 흩날리는 겨를 상상해보라. 바람 부는 대로 신나게 나부끼는 모습이 역동적이지만, 그 모습이 멋져 보이지는 않는다. 왜냐하면 그 부산함에는 어떤 기준이나 중심이 없기 때문이다.

여기에 반해 '시냇가에 심은 나무'는 비록 바람에 나는 겨처럼 역동적인 변화를 보이는 것은 아니지만, 우직하게 뿌리 내린 모습이 안정적이고 믿음직스럽다.

오늘 우리의 모습은 어떤가? 바람에 나는 겨와 같이 시류에 민첩하고 눈빛이 빠릿빠릿해야 하는 시대를 살다 보니, 우리도 모르게 중심 없이 타락한 시대에 물들어 따라가고 있지 않은가? 그러다 보면 앞에서 언급했던 입산과 압돈 같은 사사들처럼 신앙인임에도 불구하고 타락한 시대의 영향 아래서 세상 사람과 전혀 차이 없이 살아가기 쉽다. 이것은 위험한 일이다. 이런 기준으로 우리 자신을 돌아보자. 우리는 지금 '바람에 나는 겨'처럼 타락한 시대에 편승하여 살아가고 있지는 않은가?

무명의 인물 마노아가 귀한 점이 바로 이것이다. 온 세상 사람들이 타락한 시대의 영향을 받았지만, 그 가운데 자기만의 중심을 가지고 살았던 인물이 마노아이다. 비록 타락한 사람들에게는 구닥다리라는 소리를 들을지 몰라도, 하나님은 시냇가에 심은 나무같이 우직하게 흔들림 없는 삶을 살았던 마노아와 같은 사람을 기뻐하신다. 그런 인생을 '복 있는 사람'이라고 평가하시는 것이다.

마노아를 묵상하면서 문득 찬양 하나가 떠올랐다.

세상 흔들리고 사람들은 변하여도 나는 주를 섬기리
주님의 사랑은 영원히 변하지 않네 나는 주를 신뢰해

믿음 흔들리고 사람들 주를 떠나도 나는 주를 섬기리
주님의 나라는 영원히 쇠하지 않네 나는 주를 신뢰해

자녀가 생기지 않는 난임의 아픔 속에서도 우직하게 가정과 아내를 지켰던 책임 있는 가장 마노아. 예수 믿는 우리는 이런 마노아의 모습을 추구해야 한다. '세상 흔들리고 사람들은 변하여도' 결코 변질되지 않는 시냇가에 심은 나무처럼 굳건한 인생이 되고 싶다.

미분적분 하기 전에
구구단부터 외자

내가 우리 교회 교역자들에게 귀에 못이 박히도록 하는 이야기가 있다.

"미분적분 풀려고 하지 말고 구구단부터 외워라. 구구단도 못 외우면서 미분적분 풀겠다고 설치는 사람들 때문에 나라가 이 꼴이 된 것 아닌가? 목회도 마찬가지다. 하나님께서 기뻐하시는 사역자가 되기 원한다면 구구단을 잘 외는 목회자가 되어야 한다."

그리고 교육전도사들에게는 종종 이렇게 부탁한다.

"신학생 시절은 꽃피울 때가 아니라 뿌리를 내릴 때이다. 뿌리를 잘 내리기 위해서는 기초에 해당하는 구구단을 외워야 한다. 가장 기초적인 구구단도 못 외우면서 폼 나는 고급수학을 풀려고 하면 안 된다."

우리 목회자들이 외워야 할 구구단은 무엇인가? 가볍게 한 말이라도 자기가 한 말을 지키려고 애쓰는 것, 소탐대실하지 않는 것, 유력한 사람에게만 눈길 주지 않는 것, 하나님 앞에서뿐만 아니라 사람 앞에서도 정직한 것, 그때그때 둘러대지 않는 것, 누가 뭐라고 해도 하나님 앞에서 보람 있고 알차게 사는 것 등, 이런 기본적인 것들이 다 우리가 외워야 할 구구단이다. 나는 믿는다. 한국교회가 살아나려면 목회자들이나 중직자들이 구구단 외우는 것부터 새로 시작해야 한다고.

오늘날 한국교회가 고린도전서 12장에 나오는 각종 은사들, 예를 들어 병 고치는 은사, 기적 행하는 은사, 예언하는 은사, 영 분별하는 은사 같은 놀라운 은사를 가진 지도자들이 없어서 이렇게 무기력한 공동체가 되었나? 아니라고 생각한다.

그렇게 놀랍고 신비로운 은사를 가졌다고 자랑하는 사람이 거짓말을 밥 먹듯 쉽게 하고, 자기 유익을 위해 남의 눈에 눈물 흘리게 하는 일을 아무렇지도 않게 행하는 가슴 아픈 일이 왜 교회 안에서 끊임없이 일어나는가? 전도하다 보면 "교회 다니는 예수쟁이들 때문에 예수 안 믿는다"라는 가슴 아픈 대답이 왜 그렇게 끊임없이 들려오는가? 대답은 간단하다. 먼저 믿은 우리의 기초가 약하기 때문이다.

지금이라도 자신을 돌아보자. 지금이라도 가장 기초적인 구구단부터 외자. 사사 같은 지도자가 되겠다고 설치지 말고, 마노아처럼 드러낼 것 별로 없는 무명의 인물이지만 하나님 보시기에는 시냇가에 심은 나무처럼 우직하게 자기 자리를 지키는 복 있는 신앙인이 되자. 구구단을 잘 외웠기에 주님의 위로와 인정을 받는 우리 모두가 되었으면 좋겠다.

하나님의 기준은
위대한 업적이 아니다

성경에 하나님이 너무 기뻐하셔서 죽음을 맛보지 않고 승천한 인물이 둘 나오는데, 한 사람은 엘리야이고 또 한 사람은 에녹이다. 그런데 흥미로운 것은 이 두 사람이 너무 대조적이란 사실이다.

엘리야는 요즘으로 말하면 시대를 뒤집어놓은 위대한 영웅이다. 부패한 왕을 상대로 기적 같은 일을 행하여 큰 업적을 남겼다. 여기에 반해 에녹은 전혀 한 것이 없다. 그저 애 낳고 잘 살았더라는 기록만 있을 뿐, 그가 행한 일들에 대한 기록이 전혀 없다. 그런데 하나님께서는 위대한 영웅이었던 엘리야를 죽음을 보지 않고 데려가신 것처럼 에녹도 그렇게 하셨다.

이것이 무슨 메시지를 주는가? 하나님의 관점에서는 위대한 업적을 남긴 영웅 엘리야와 평범하게 살면서 하나님과 동행했던 에녹이 같은 급이라는 것이다.

이런 하나님의 기준을 눈여겨봐야 한다. 우리는 자꾸 엘리야처럼 기능적으로 뭔가 대단한 일을 하는 사람들을 부러워하고 그것을 추구한다. 하지만 하나님은 업적으로 우리를 평가하지 않으신다. 소리 없이 하나님과 동행했던 에녹을 엘리야 이상으로 귀한 인물로 인정해주신 것처럼, 마노아처럼 타락한 시대에 물들지 않으려 애쓴 수많은 무명의 인물들을 귀히 보신다.

얼마 전에 참 감동적인 이야기를 들었다. 콜롬비아 보고타에서 있었던 일이라고 한다. 조세 알베르토 구티에레즈(Jose Alberto Gutierrez) 씨의 이야기다. 이분의 직업은 환경미화원인데, 콜롬비아에 있는 환경미화원의 이름이 어떻게 내 귀에까지 전해졌을까? 이분은 쓰레기를 줍다가 버려지는 책들 중에서 쓸 만한 것들만 골라왔는데, 무려 20년 동안이나 이 일을 계속해왔다고 한다. 그러다 보니 그렇게 모은 책이 얼마나 많았는지 무려 20만 권이나 되어 저소득층을 위한 무료 도서관을 만들었다고 한다.

돈이 많은 부자는 자기가 가진 돈으로 책 2만 권 사서 도서관 하나를 뚝딱 만들 수도 있다. 그러나 내가 이분의 삶에 주목하고 또 소개하고 싶은 것은, 하나님은 이런 사람을 기뻐하신다는 것이다. 비록 환경미화원으로 일하면서 세상에서는 하나도 내세울 것이 없지만, 20년 동안 한결같이 성실하게 자신의 일을 하면서 책을 모으는 것은 결코 쉬운 일이 아니다.

세상은 마노아처럼 살아가는 우리를 조롱한다.

'넌 잘못 살고 있는 거야. 세상을 그렇게 살아서 되겠니? 정직하다고 누가 알아줘? 넌 왜 바보같이 한 여자에 매여서 그렇게 살아? 즐기며 살아. 다들 그래!'

그러나 성령님은 오늘 우리에게 이렇게 말씀하신다.

'네가 옳다. 네가 가는 그 길이 정답이다. 기죽지 마라. 너의 삶이 바람직한 삶이다. 이런 의미에서 넌 작은 자가 아니다.'

하나님이 기뻐하시는 길을 걸어가는 자에게 주시는 이 위로의 말씀을 모두가 듣게 되기를 바란다.

그렇다면 어떻게 하면 우리도 시냇가에 심은 나무처럼 요동하지 않는 사람이 될 수 있을까? 어떻게 하면 우리도 마노아처럼 시류에 흔들리지 않고 구구단을 잘 외는 인생이 될 수 있을까? 기초가 튼튼한 인생이 되기 위해서는 무엇보다 하나님의 뜻을 잘 알아야 한다. 우리가 구구단을 잘 외기 위해 알아야 할 것을 몇 가지로 정리해보자.

하나님은 성공이 아니라 구별된 삶을 원하신다

첫째로, 구구단을 잘 외기 위해서는 하나님은 성공이 아니라 구별된 삶을 원하신다는 것을 알아야 한다.

본문 3절에 보면, 하나님은 아기를 갖지 못하던 마노아와 마노아의 아내에게 아기를 주겠다고 약속하고 계신다.

여호와의 사자가 그 여인에게 나타나서 그에게 이르시되 보라 네가 본래 임신하지 못하므로 출산하지 못하였으나 이제 임신하여 아들을 낳으리니 삿 13:3

그런데 하나님이 마노아 부부에게 아기를 주겠다고 약속하시면서 주시는 말씀이 있다.

보라 네가 임신하여 아들을 낳으리니 그의 머리 위에 삭도를 대지 말라 삿 13:5

그가 내게 이르기를 보라 네가 임신하여 아들을 낳으리니 이제 포도 주와 독주를 마시지 말며 어떤 부정한 것도 먹지 말라 이 아이는 태 에서부터 그가 죽는 날까지 하나님께 바쳐진 나실인이 됨이라 하더 이다 하니라 삿 13:7

포도나무의 소산을 먹지 말며 포도주와 독주를 마시지 말며 어떤 부 정한 것도 먹지 말고 내가 그에게 명령한 것은 다 지킬 것이니라 하 니라 삿 13:14

하나님은 아무 조건 없이 아들을 주셨다. 이것을 '은혜'라고 한 다. 그런데 하나님은 아무 조건 없이 아들을 주셨지만, 은혜를 입 고 감격하는 마노아 부부에게 요구하시는 것이 많다. 이 사실을 잊 어서는 안 된다. 구원은 조건 없이 받았지만 하나님은 오늘도 조건 없이 구원 받은 우리에게 요구하시는 것이 많으시다.

그리고 여기서 중요한 것은 하나님이 은혜를 입은 마노아 부부에 게 무엇을 요구하시는가를 살펴보는 것이다. 지금 하나님께서 반 복해서 요구하시는 것이 무엇인가? 많은 것을 요구하시는 것 같지 만, 정리해보면 딱 한 가지로 요약된다.

"세상과 구별된 삶을 살아라!"

하나님은 오늘도 은혜 입고 구원 받은 우리에게 많은 것을 요구하신다. 그런데 그 많은 하나님의 요구는 성공을 추구하는 인생이 아니라 세상과 구별된 삶을 사는 인생이 되기를 바라시는 것으로 귀결된다.

오늘 우리는 어떤가? 우리가 추구하는 목표와 방향은 어디를 향해 있는가? 예수 잘 믿어 부자 되고, 예수 잘 믿어 1등을 추구하는 목표 때문에 인생의 갈증과 목마름을 느끼고 있지는 않는가? 그리고 그 세상적인 목표를 추구하는 과정에서 거룩과 진실을 잃어버린 것은 아닌가? 아픈 마음으로 이런 것들을 점검해야 한다.

언젠가 어느 원로 목사님이 한국교회 목회자들의 현실을 지적하는 말씀을 듣고 부끄러움을 느낀 적이 있다.

"한국교회 후배들을 보니 목사가 딱 두 종류로 나누어지더라. 대형교회 목사하고 대형교회를 추구하는 목사하고."

나 역시 이 범주 안에 해당되지 않나 하는 마음에 민망함과 부끄러움이 밀려왔다.

하나님은 우리가 얼마나 큰 교회를 만드는지에 관심이 없으시다. 다만 세상과 어떻게 구별되어 있는가에 관심이 있으시다. 오늘 이 땅의 교회가 세상의 가치관과 차이가 있다고 자신 있게 말할 수 있는가? 또 크리스천으로서 '지금 내가 걸어가는 이 길은 세상과 구별된 길'이라고 자신 있게 말할 수 있는가?

너희는 나에게 거룩할지어다 이는 나 여호와가 거룩하고 내가 또 너희를 나의 소유로 삼으려고 너희를 만민 중에서 구별하였음이니라

레 20:26

하나님의 구별은 바로 '거룩'이다. 인생의 목적은 행복이 아니라 거룩이란 사실을 늘 기억해야 한다. 그래서 나는 기도한다.

'하나님, 하나님은 성공이 아니라 구별된 삶을 원하셨는데, 온통 성공한 목사로서의 나 자신의 모습만 바라보고 있었던 것이 너무나 부끄럽습니다. 부끄럽기 짝이 없는 내 모습을 주님 앞에 정직하게 고백합니다. 지금부터라도 성공이 아니라 거룩을 추구하는 인생이 되기를 원합니다.'

하나님은 본을 보이는 교육을 원하신다

둘째, 우리가 구구단을 잘 외기 위해 알아야 할 것은 하나님은 본을 보이는 교육을 원하신다는 사실이다.

하나님께서 마노아 부부에게 조건 없는 은혜로 자녀를 선물로 주셨지만 그 은혜를 받은 후에는 조건을 걸고 계시다는 것을 살펴보았는데, 그 과정에서 발견한 게 하나 더 있다. 5절을 다시 보자.

보라 네가 임신하여 아들을 낳으리니 그의 머리 위에 삭도를 대지

말라 이 아이는 태에서 나옴으로부터 하나님께 바쳐진 나실인이 됨이라 삿 13:5

지금 하나님께서는 마노아의 아내에게 '네가 낳을 아이가 나실인이기 때문에 해서는 안 되는 것이 있다'라고 하시며 이어지는 말씀에서 내내 '네 아들을 이렇게 키워라. 이것도 하면 안 된다, 저것도 하면 안 된다'라고 조건을 알려주고 계신다. 그런데 이 모든 요구 사항을 주시기 전에 먼저 전제로 주신 것이 있다. 4절이다.

그러므로 너는 삼가 포도주와 독주를 마시지 말며 어떤 부정한 것도 먹지 말지니라 삿 13:4

'그러므로 너는'이라고 말씀하고 있는데, 여기서 '너'는 누구인가? 바로 삼손의 엄마, 즉 아이를 키워야 하는 당사자이다. 그러고 나서 나오는 것이 자녀 교육에 대한 부분이다. 이것이 무엇을 뜻하는가?

"네 아들이 나실인이기 때문에 그 아이에게 이것도 해서는 안 되고 저것도 해서는 안 되는 신앙교육이 필요한데, 신앙교육을 하기 전에 먼저 네가 본이 되는 삶을 살아야 한다."

오늘날 한국교회의 많은 가정에서 자녀 교육이 실패하고 있는 이유가 이것 때문 아닌가? 많은 부모가 답답해서 이렇게 이야기한다.

"도대체 너는 왜 그러고 사니? 예수 믿는 애가 왜 그러니? 목사 아들이 왜 그 모양이야? 장로 아들이 왜 그러고 다니는 거야?"

그런데 냉정하게 돌아보자. 목사인, 장로인 자기도 제대로 안 살고 있는데 자녀에게 도대체 뭘 바라는 것인가? 하나님이 우리에게 원하시는 것은 교육하기 이전에 우리가 먼저 본을 보이는 것이다. 곧 아들을 향해 포도주 마시면 안 되고, 독주 마시면 안 된다고 교육해야 하는 네가 먼저 아이를 낳기도 전에 포도주와 독주를 마시지 않으며 본을 보이는 인생을 살아야 한다는 것이다.

하나님만 섬기는 본을 보여라

나는 이렇게 먼저 본을 보이는 모습을 하나님의 사자들에게서도 발견한다. 15,16절을 보자.

> 마노아가 주의 천사에게, 새끼 염소를 한 마리 잡아 대접할 터이니, 잠시 기다려 달라고 하였다. 삿 13:15, 새번역

무슨 상황인지 알겠는가? 아기를 원했지만 아기가 생기지 않던 그 가정에 하나님의 사자가 나타나 하나님이 아들을 주실 것이란 말씀을 전하자, 마노아가 너무 기쁘고 감사하여 그 소식을 전해준 하나님의 사자에게 우리로 치면 씨암탉이라도 잡아서 대접하려고

한 것이다. 그러자 하나님의 사자가 뭐라고 하는가?

> 여호와의 사자가 마노아에게 이르되 … 번제를 준비하려거든 마땅
> 히 여호와께 드릴지니라 삿 13:16

소식을 전해주는 본인에게 그러지 말고 여호와께 드리라는 말이
다. 그러자 마노아가 바로 자신의 생각을 수정한다.

> 이에 마노아가 염소 새끼와 소제물을 가져다가 바위 위에서 여호와
> 께 드리매 삿 13:19

마노아가 염소 새끼와 소제물을 가져다가 누구에게 드렸는가?
여호와께 드렸다.

오늘날 우리 교회가 이렇게 부끄러운 자리에 빠지게 된 것은 바
로 이것을 어겨서 그렇다. 우리는 여호와 하나님은 뒷전에 둔 채 우
리 눈에 보이는 하나님 사자의 입에다가만 융숭히 대접하고 있지
않은가? 이것이 바로잡혀야 한다.

16년 전 교회를 처음 개척했을 때, 그때껏 중고등부 청소년 사역
만 했지 어른 사역을 해본 적이 없던 나는 심방 가면 뭘 어떻게 해야
하는지도 몰랐다. 청소년 사역할 때는 아이들을 만나 한 가지만 하
면 됐다. 아이들이 원하는 걸 사주는 일만 했다.

"목사님, 떡볶이 2인분 더 시켜주실래요?"

실컷 먹고 또 사달라는 아이들이 태반이었다. 계속 돈만 냈다.

그러다 담임목사가 되어 어느 성도의 가정에 심방을 갔더니 완전히 달랐다. 오래 예수를 믿어온 사람들에게는 심방을 받는 어떤 룰이 있는 것 같았다. 어느 가정을 가도 비슷했다. 일단 집에 들어가면 꼭 모델하우스 같았다. 너무너무 깨끗하다. 먼지 한 톨 없이 깨끗이 청소를 해놓고 맞는다. 장롱 문 열면 우르르 이것저것 쏟아질지언정 눈으로 보기엔 진짜 깨끗하다.

아무것도 없는 깨끗한 거실에 낮은 상을 내온다. 거기엔 세 가지가 올라가 있다. 성경책, 감사헌금 봉투, 그리고 심방 온 목사에게 주는 봉투. 이것이 거의 규칙 같은 것이었나 보다. 요즘엔 이런 교회가 많이 없다고 하지만 예전엔 거의 이렇게 준비했던 것 같다.

예배가 다 끝나면 봉투 두 개를 쓱 건넨다.

"이것은 하나님께 드리는 감사헌금이고, 이것은 목사님께 드리는 거예요."

그러면 나는 봉투를 받아서 "이것은 주일에 직접 헌금함에 넣으시고요, 이것은 거두어주세요" 하며 도로 건넸다. 목사님을 잘 대접하고 싶은 마음은 이해하지만, 목사인 내가 그런 봉투에 맛을 들이면 어떻게 되겠는가? '어떻게 하면 하나님께 영광이 되는 예배를 드릴까'를 고민하기보다 '어떻게 하면 이 사람의 구미에 맞는 기분 좋은 설교를 해서 더 두둑한 봉투를 받을까' 하는 욕심으로 발전하게 될 것이다. 그렇게 되는 순간 나는 망하는 것이다.

지금 본문에서 하나님의 사자가 보여주는 본이 무엇인가? 다른 게 아니다. 너무 고마우니 새끼 염소를 잡아다가 대접하겠다고 할 때 "나 말고 하나님께 드려라!"라고 하는 것, 바로 이 본을 지금 하나님의 사자가 보여주고 있는 것이다.

고린도전서 4장 15,16절에서 사도 바울이 이런 말을 한다.

그리스도 안에서 일만 스승이 있으되 아버지는 많지 아니하니 그리스도 예수 안에서 내가 복음으로써 너희를 낳았음이라 그러므로 내가 너희에게 권하노니 너희는 나를 본받는 자가 되라 고전 4:15,16

"나를 본받는 자가 되라!"

우리 교회의 모든 목회자들도, 평신도 리더들도 다 이런 고백을 할 수 있는 자리까지 갈 수 있으면 좋겠다. 내가 강단에서 말만 번드르르하게 하는 목사이기보다 감히 이렇게 말할 수 있는 목사가 되기를 원한다.

하나님이 자녀 교육과 관련하여 마노아와 그 아내에게 주신 준엄한 명령이 무엇인가?

"너부터 그렇게 살아라. 너부터 그렇게 살고 자녀를 교육해라!"

바로 이것이 오늘 우리에게 전해지는 하나님의 준엄한 메시지가 되기를 바란다.

하나님께 묻는 태도를
회복하라

셋째, 구구단을 잘 외기 위해 우리가 알아야 할 것은 하나님께서는 우리가 '묻는 태도'를 갖기 원하신다는 것이다.

마노아가 아내를 통해, 하나님이 아기를 주겠다고 하셨다는 그 놀라운 소식을 듣자마자 보인 반응을 보라.

마노아가 여호와께 기도하여 이르되 주여 구하옵나니 주께서 보내 셨던 하나님의 사람을 우리에게 다시 오게 하사 우리가 그 낳을 아 이에게 어떻게 행할지를 우리에게 가르치게 하소서 하니 삿 13:8

마노아가 일어나 아내를 따라가서 그 사람에게 이르러 그에게 묻되 삿 13:11

마노아가 이르되 이제 당신의 말씀대로 되기를 원하나이다 이 아이 를 어떻게 기르며 우리가 그에게 어떻게 행하리이까 삿 13:12

계속 질문하고 있다. 앞에서도 언급했지만, 그 시대를 특징짓는 말씀은 사사기에 반복적으로 나오는 이 말씀이다.

그때에는 이스라엘에 왕이 없었으므로 사람마다 자기 소견에 옳은

대로 행하였더라 삿 17:6 ; 21:25

타락한 사사 시대는 하나님께 묻지 않는 시대였다. 자기 소견에 옳은 대로 하는 것이다. 내키는 대로 사는 것이다. 그런 시대에 마노아는 계속 하나님께 질문하며 하나님의 뜻을 구했다.

오늘 우리는 하나님 앞에서 어떤 자세로 살아가고 있는가? 타락했던 그 시대 사람들처럼 질문 없이 그냥 자기 소견에 옳은 대로 행하는 삶을 살아가고 있는가? 아니면 마노아처럼 늘 하나님의 뜻을 구하며 질문하는 삶을 살고 있는가?

나는 여기에서 심각한 질문 하나를 던지고 싶다. 당신의 삶에서 마노아가 보여주는 겸손히 질문하는 모습이 대체 언제부터 사라졌는가? 언제부터 '나는 성경을 잘 아니까, 나는 하나님의 뜻을 잘 아니까' 내 소견이 항상 옳다는 생각을 가지고 살게 되었는가?

우리가 진짜 구구단을 잘 외는 기초가 있는 크리스천이 되려면 이것부터 회복해야 한다. 내 생각이 100퍼센트 옳다고 생각되는 그것조차도 하나님께 물어야 한다.

"하나님, 제 생각에는 이게 옳은 것 같은데 하나님도 그렇게 생각하시나요?"

바울이 다메섹 도상에서 주님을 만나고 "주여 뉘시오니이까"라고 질문했고, 그 질문에 예수님은 "네가 핍박하는 예수라"라고 대답하셨다. 그러자 바로 이어서 바울은 "주여 무엇을 하리이까"라고 질문했다. 이 질문으로 시작된 것이 바울의 신앙생활이다.

기도는 내 뜻에 맞는 목표 하나 정해놓고 그것을 이루기 위해 하나님을 끌어들이는 것이 아니다. 마노아의 기도의 모범을 보라.

마노아가 이르되 이제 당신의 말씀대로 되기를 원하나이다 이 아이를 어떻게 기르며 우리가 그에게 어떻게 행하리이까 삿 13:12

자녀를 위해 이렇게 기도해보았는가? 혹시 내 자녀는 내가 알아서 할 테니 간섭하지 마시고 그저 내 기도제목에 응답만 해달라는 기도를 하고 있지는 않은가?

내가 원하는 것을 받아내는 것이 기도라고 잘못 알고 있는 이 가슴 아픈 오해가 한국교회를 탐욕스럽기 짝이 없는 괴물 같은 공동체로 만들어버렸다. 기도는 우리의 뜻을 이루기 위해 하나님을 이용하는 것이 아니라 하나님의 뜻을 구하는 것이다.

이제 하나님 앞에 내 생각, 내 뜻은 내려놓고 겸손히 질문하는 우리가 되었으면 좋겠다. 내 삶을 여쭙고, 할 일을 여쭙고, 나아갈 방향을 여쭈어라.

"하나님, 제가 이렇게 살아도 괜찮은 겁니까?"

우리가 다 하나님께 이렇게 질문하는 삶을 살아가게 되길 바란다. 그래서 가장 기초가 가장 튼튼한, 구구단을 잘 외는 삶으로 하나님께 인정받기를 바란다.

삼손이 딤나에 내려가서 거기서 블레셋 사람의 딸들 중에서 한 여자를 보고 올라와
서 자기 부모에게 말하여 이르되 내가 딤나에서 블레셋 사람의 딸들 중에서 한 여자
를 보았사오니 이제 그를 맞이하여 내 아내로 삼게 하소서 하매 그의 부모가 그에게
이르되 네 형제들의 딸들 중에나 내 백성 중에 어찌 여자가 없어서 네가 할례 받지
아니한 블레셋 사람에게 가서 아내를 맞으려 하느냐 하니 삼손이 그의 아버지에게
이르되 내가 그 여자를 좋아하오니 나를 위하여 그 여자를 데려오소서 하니라

chapter **2**

방치하면 큰일 난다

사사기 13장이 삼손이 태어나는 과정을 기록하고 있다면, 이제 살펴볼 사사기 14장부터는 본격적인 삼손의 삶이 그려지고 있다.

그런데 삼손이 역사에 등장하자마자 보여준 첫 사건이 참 흥미롭다. 왜 흥미로운가 하니, 그가 등장하면서 보여주는 첫 모습을 통해 삼손이 어떤 인물인지, 그의 삶의 문제가 뭐였는지, 그가 왜 그렇게 비참하게 삶을 끝낼 수밖에 없었는지 등등을 예고편처럼 보여주고 있기 때문이다.

삼손의 첫 등장에서 볼 수 있는 그의 치명적인 문제들과 잘못들을 살펴보면서 우리의 기도제목으로 삼고자 한다.

첫째로 발견되는 삼손의 치명적인 잘못은 '자기 눈으로 보기에 좋은 대로' 행하는 모습이다.

본문을 보면, 삼손은 블레셋이 점령하고 있는 딤나라고 하는 지역에 내려갔다가 한 여자를 만났는데, 첫눈에 반하고 말았다. 그래서 자기 부모에게 와서 그 블레셋 여자와 결혼할 수 있게 해달라고 떼를 쓰며 간청한다. 당연히 부모는 반대했다.

"그의 부모가 그에게 이르되 네 형제들의 딸들 중에나 내 백성 중에 어찌 여자가 없어서 네가 할례 받지 아니한 블레셋 사람에게 가서 아내를 맞으려 하느냐"(삿 14:3).

그렇게 부모가 반대하자 삼손이 뭐라고 하는가?

"내가 그 여자를 좋아하오니 나를 위하여 그 여자를 데려오소서 하니라"(삿 14:3).

여기 나오는 '내가 그 여자를 좋아하오니'라는 표현이 참 의미심장하다. 이것은 그 당시 타락한 이스라엘 사회의 모습을 한마디로 압축해놓은 사사기 17장 6절 말씀과 같은 표현이기 때문이다.

그때에는 이스라엘에 왕이 없었으므로 사람마다 자기 소견에 옳은 대로 행하였더라 삿 17:6

여기 나오는 '자기 소견에 옳은 대로'를 원문대로 해석하면 '그의 눈에 좋은 대로'라고 번역할 수 있는데, 본문 3절에서 삼손이 말한 '내가 그 여자를 좋아하오니' 역시 원어로 보면 '내 눈에 그 여자가 좋사오니'이다.

또 14장 7절에 나오는 "그가 내려가서 그 여자와 말하니 그 여자가 삼손의 눈에 들었더라"도 같은 표현이다.

이것으로 알 수 있는 것이 무엇인가? 삼손은 자기 눈에 좋은 대로 행동하는 사람이었다. 그리고 그것은 '눈에 좋은 대로 행하는' 그 당시 타락한 사사 시대의 정신과 부합했다.

오늘날 우리 대한민국은 어떤가? 사사 시대 아닌가? 오늘 우리 시대는 너도나도 다 눈에 좋은 대로 행하는 시대이다.

정치인과 목회자는 사람들 눈에 띄는 곳에서 일한다는 공통점이 있다. 그렇기 때문에 사람들 눈에 보이는 것에만 신경 쓸 위험이 있어 자칫 잘못하면 겉모습만 그럴 듯한 흉내쟁이로 전락할 위험이 있다. 그리고 현실적으로 이런 잘못된 자리로 빠지는 경우를 종종 본다. 더군다나 이 시대가 추구하는 것이 '내 눈에 좋사오니' 아닌가?

우리는 이것을 두려워해야 한다. 이것이 사사 시대의 가슴 아픈 현실이었고, 동시에 삼손을 몰락하게 만든 근원적인 원인이었음을 자각해야 한다.

눈의 욕망,
사탄의 고전적 수법

창세기에서 인류를 대표하는 아담과 하와를 무너뜨릴 때 사탄이 사용했던 수법도 마찬가지다. 창세기 3장 6절을 보자.

> 여자가 그 나무를 본즉 먹음직도 하고 보암직도 하고 지혜롭게 할 만큼 탐스럽기도 한 나무인지라 창 3:6

'먹음직도 하고 보암직도 하고', '자기 소견에 옳은 대로', '눈에 좋은 대로', '내 눈에 그 여자가 좋사오니', 다 같은 맥락 아닌가? 삼손에게 그 여자는 사탄이 먹으라고 유혹했던 선악과 같은 존재였다.

다윗도 마찬가지다.

> 저녁때에 다윗이 그의 침상에서 일어나 왕궁 옥상에서 거닐다가 그곳에서 보니 한 여인이 목욕을 하는데 심히 아름다워 보이는지라
>
> 삼하 11:2

이것 역시 '내 눈에 좋사오니' 아닌가?

예전에 어느 목사님이 이 부분을 재미있게 해석한 글을 봤다. 이 장면은 다윗이 옥상을 어슬렁거리다가 어떤 여자가 목욕하는 모습을 본 것인데, 생각해보라. 다윗이 서 있던 곳은 왕궁 옥상이다. 일

반 가정집처럼 다닥다닥 붙어 있었겠는가? 상식적인 선에서 생각해 봐도 그날 다윗이 목욕하는 여자를 보았다는 것은 눈으로 보기에 목욕하던 그 여인이 심히 아름답다고 느낄 만큼 가까운 거리가 아니었을 것이다. 그저 '한 여자가 목욕하고 있구나' 정도만 인식될 정도였을 거라는 말이다. 일리 있는 이야기 아닌가?

그렇다면 이것이 무엇을 의미하는가? 멀리서 목욕하는 한 여자에게 다윗이 그렇게 마음을 빼앗긴 것은 그 내면의 영적인 상태에 문제가 있었기 때문이라는 것이다. 다시 말해서 다윗이 '멀리서 어떤 여인이 목욕을 하고 있구나'라는 생각만으로도 마음을 다 빼앗겨버린 것은, 이미 그 내면이 무너져 있었기 때문이다.

오늘 본문의 삼손도 마찬가지이다. 그토록 쉽게 자기 눈으로 보기에 좋은 한 여인에게 마음을 빼앗길 수 있었던 것은 그만큼 삼손의 영적인 상태가 병들어 있었기 때문이다.

이런 일련의 말씀들을 통해 우리가 깨달아야 하는 것이 무엇인가? 바로 이 말씀의 경고이다.

> 이는 세상에 있는 모든 것이 육신의 정욕과 안목의 정욕과 이생의 자랑이니 다 아버지께로부터 온 것이 아니요 세상으로부터 온 것이라
>
> 요일 2:16

이 말씀을 새번역 성경으로 보면 '안목의 정욕'을 '눈의 욕망'이라

고 표현하고 있는데, 타락한 인간의 눈으로 보는 것이 얼마나 위험한지를 경고하고 있는 것 아닌가?

삼손을 가지고 메시지를 준비하기 위해 묵상할 때 내 안에선 이런 고민이 끊이지 않았다.

'이 시대는 정치가들이건, 기업가들이건, 청년들이건, 목사들이라 할지라도 다 눈의 욕망으로 공격당하는 시대인데, 우리는 어떻게 하면 좋겠는가? 어떻게 해야 삼손처럼 자기 눈에 좋은 대로 행동하려 하는 인간의 본능을 제어할 수 있을까?'

이런 질문을 가지고 고심하는데 불쑥 떠올랐던 책 한 권이 있었다. 총신대 신국원 교수님이 쓰신 《니고데모의 안경》이란 책이다. 이 책의 제목이 왜 《니고데모의 안경》인가 하면, 요한복음 3장에 니고데모가 예수님을 찾아오지 않는가? 당시 유대 사회의 지도자였던 니고데모는 하나님과 상관없는 자기 나름의 인간적인 안경을 끼고 세상을 바라보고 있었는데, 그 밤에 예수님과 대화를 나누던 중에 그 세상적인 안경을 내려놓게 되는 사건을 경험하게 된다. 자기가 가지고 있던 가치관과 관점이 바뀌는 사건을 저자는 '니고데모의 안경'이라는 콘셉트로 풀어간 것이다.

모든 인간은 다 자기 나름의 안경을 쓰고 있다. 그 안경으로 보기 때문에 삐딱선을 타는 사람은 하나부터 열까지 다 삐딱하다. 반대로 지나치게 긍정적으로 보는 것도 그 안경 때문이다. 그런 사람은 해결해야 할 문제가 많은데도 그 문제들이 하나도 눈에 안 들어온다. 십자가를 바라보며 눈물 흘릴 수 있는 것도 우리에게 은혜의 안경이 있기 때문이다.

이런 의미에서 우리는 하나님께 구해야 한다. 우리가 착용하고 있는 니고데모의 안경을 바꾸어달라고. 그 사람의 내면은 보이지 않고 외적으로 보이는 모습만 보고 무너져버린 삼손과 같은 초라한 인생이 되지 않으려면 예수님이 주시는 은혜의 안경으로 바꾸어 껴야 한다.

서둘러야 한다. 세상의 트렌드인 '내 눈에 보기 좋사오니'라는 안경을 낀 채 탐욕의 유혹을 받고 있다면, 지체할 시간이 없다. 어서 그 안경을 벗고 주님이 십자가에서 마련해주신 십자가표 안경으로 갈아 끼는 역사가 일어나야 한다. 그래야 세상을 보는 시선이 달라질 수 있다.

안경을 바꾸면
하나님의 비전이 보인다

세상을 보는 시선이 달라지는 게 얼마나 중요한지 모른다. 다음 말씀을 보자.

이에 롯이 눈을 들어 요단 지역을 바라본즉 소알까지 온 땅에 물이 넉넉하니 여호와께서 소돔과 고모라를 멸하시기 전이었으므로 여호와의 동산 같고 애굽 땅과 같았더라 창 13:10

지금 롯은 니고데모로 말하면 예수님을 만나 안경을 바꾸기 전 자기 나름의 안경을 쓰고 소돔과 고모라를 바라보고 있다. 롯은 그 땅을 "여호와의 동산 같고 애굽 땅과 같았더라"라고 보았다. 롯의 안경이 그렇게 보게 만든 것이다. 결국 롯은 겉으로 보이는 그 화려함에 취해 망하는 길로 가고 말았다. 우리가 서둘러야 하는 이유가 여기에 있다.

하나님이 아브라함에게 원하셨던 것도 같은 맥락으로 이해할 수 있다.

롯이 아브람을 떠난 후에 여호와께서 아브람에게 이르시되 너는 눈을 들어 너 있는 곳에서 북쪽과 남쪽 그리고 동쪽과 서쪽을 바라보라 창 13:14

하나님이 바꿔주신 안경으로 세상을 바라보면 이 세상은 더 이상 정욕의 대상이 아니라 가슴 벅찬 꿈을 제시하는 비전의 대상이다. 아브라함은 하나님이 가르쳐주시고 바꿔주신 안경으로 세상을 바라보았기 때문에 후대에 '믿음의 조상'으로 그 이름이 각인되는 영광스런 인물이 되었다.

우리는 지금 어떤 시선으로, 어떤 안경으로 세상을 바라보고 있는가? 아브라함의 눈으로 바라보고 있는가, 아니면 조카 롯의 눈으로 바라보고 있는가? 부디 조카 롯의 눈이 아닌 아브라함의 눈으로 세상을 바라볼 수 있도록 하나님께서 우리의 안경을 바꿔주시기를 바란다. 그래서 삼손처럼 자기 눈에 좋은 대로, 다시 말해 눈의 욕망으로 세상을 바라보는 것이 아니라, 아브라함처럼 하나님이 주시는 벅찬 꿈으로 세상을 바라볼 수 있기를 바란다.

안경을 바꾸면
하나님의 일하심이 보인다

열왕기하 6장에 보면 엘리사와 그의 젊은 사환의 이야기가 나온다. 아람 군대가 엘리사를 잡기 위해 아침부터 그의 집을 에워쌌다. 엘리사의 젊은 사환이 일찍 일어나 그 장면을 보고 기겁을 했다.

하나님의 사람의 사환이 일찍이 일어나서 나가보니 군사와 말과 병거가 성읍을 에워쌌는지라 그의 사환이 엘리사에게 말하되 아아, 내 주여 우리가 어찌하리이까 하니 왕하 6:15

그때 엘리사가 낙심하고 있는 그 젊은 사환에게 이렇게 말했다.

대답하되 두려워하지 말라 우리와 함께한 자가 그들과 함께한 자보다 많으니라 하고 기도하여 이르되 여호와여 원하건대 그의 눈을 열어서 보게 하옵소서 하니 여호와께서 그 청년의 눈을 여시매 그가 보니 불말과 불병거가 산에 가득하여 엘리사를 둘렀더라 왕하 6:16,17

엘리사는 여호와께 젊은 사환의 눈을 열어주시기를 구했고, 여호와께서 그 사환의 눈을 여셨을 때 그의 안경이 바뀌어 전에는 보이지 않던 불말과 불병거가 산에 가득하여 엘리사를 둘러싸고 있는 것을 볼 수 있게 되었다.

나는 예배를 드릴 때마다, 또 예배를 마치고 돌아설 때마다 엘리사의 마음으로 이렇게 기도한다.

"하나님이여, 원하건대 저들의 눈을 열어서 보게 하옵소서!"

우리가 아무리 소리 높여 찬양하고 기도를 해도 눈이 열리지 않으면 소용이 없다. 그저 자기를 죽이려 달려드는 적들만 눈에 보일 뿐이다. 안경이 바뀌어야 두려움 대신 하나님의 도우심과 일하심이 보인다.

우리의 안경이 바뀌어야 한다. 하나님이 속히 우리의 안경을 바꿔주시기를, 그래서 욕망이 아닌 비전을 바라보고 두려움이 아닌 주님의 일하심을 볼 수 있는 우리 모두가 되기를 간절히 소원한다.

귀한 은사를
사소한 것에 낭비하는 태도

둘째로 본문에서 발견되는 삼손의 문제는, 삼손은 하나님이 주신 귀한 은사를 너무나 사소한 것에 낭비하는 태도를 가졌다는 것이다.

역사의 전면에 등장하자마자 여자를 밝히는 것으로 시작한 삼손은 죽기 전까지 자기 사명에 대한 인식이 없었다. 혹시나 해서 사사기 13장부터 16장까지 꼼꼼하게 여러 번 읽어봤다. 스쳐 지나가는 한 문장이라도 블레셋에게 고통당하는 자기 민족을 위해 하나님이 부르셨다는 자기 사명에 대한 인식이 있었는가 하고 말이다. 눈 씻고 찾아봐도 없었다.

삼손의 인생은 딱 두 가지로 요약된다. 하나는 태어날 때부터 어마어마한 하나님의 기대감을 갖고 태어난 인생, 민족을 위해 쓰임받도록 하나님이 예비해놓으신 인생. 그런가 하면 또 하나는 하나님이 주신 그 고귀한 은사와 사명을 사사로운 데 허비하다가 끝내 버린 인생. 이것이 삼손의 삶이다.

내가 삼손이라는 인물을 살펴봐야겠다고 생각한 것은, 가슴 아프게도 오늘 우리 주변에 삼손과 같은 인물이 너무 많이 눈에 띄기 때문이다. 우리 자신을 냉철하게 되돌아봐야 한다. 먼저는 설교하는 나부터 나 스스로를 돌아봐야 함을 잘 알고 있다. 장로님, 권사님, 교회 요직에서 섬기는 중직자들도 마찬가지다. 우리를 위해 십자가 보혈을 흘려주시고 지금도 중보하고 계신 주님이 이 땅의 가슴 아픈 교회의 현실을 바라보시며 탄식하실 것 같다.

사탄의 공격 목표는 그저 우리의 가슴 한 번 아프게 하고 한 번 죄짓게 하는 게 아니다. 사탄의 최종 목표는 우리가 신분의식을 잊은 채 삼손처럼 살기를 바라는 것이다.

'더도 말고 덜도 말고 그냥 삼손처럼만 살아라. 힘 있겠다, 주목 받을 수 있겠다, 그 현란한 은사를 가지고 여자 따라다니는 데 마음껏 사용해라.'

이것이 우리 내면에서 부드러운 목소리로 속삭이는 사탄의 달콤한 유혹 아닌가? 예수님이 공생애를 시작하시려는 순간에 마귀가 던진 세 가지 시험도 마찬가지다.

"십자가 사명이니, 인류 구원이니 그런 거창한 얘기하지 말고 배고프면 네 능력 가지고 떡이나 만들어 먹어. 간단하게 나한테 절 한 번 하고 온 천하 권세를 다 누려. 좋잖아?"

오늘 우리에게도 이와 같은 공격이 끊이지 않는다. 하나님이 주신 은사와 사명 같은 데 신경 쓰지 말고 삼손처럼 사소한 것에 목숨 걸고 자기 한 몸 편히 사는 데나 마음을 쏟으라는 것이다. 그 음흉한 목소리가 지금도 들리는 듯하다.

'인생을 뭐 그렇게 복잡하게 생각해? 쉽게 살아, 쉽게!'

우리는 어떻게 살고 있는가? 혹시 이 유혹에 놀아나고 있는 것은 아닌가? 너무 사소한 데 우리의 에너지를 낭비하고 있지는 않은가?

대충 살며 무기력한 것도
나쁜 일이다

좀 극단적으로 말하면, 나는 목회자로서 하면 안 되는 짓을 저지르다 목회 중간에 쫓겨난 적이 없다 하더라도, 그것만으로는 성공한 목회자라고 말하면 안 된다고 생각한다. 하나님께서 나를 부르실 때는 하나님이 주신 사명을 감당하라고 부르신 것이지, 그저 현상 유지만 하고 있으라고 부르신 것이 아니다.

하나님께서 삼손에게 그렇게 큰 은혜와 은사를 주신 것은 당시 악한 블레셋에게 고통당하던 백성들을 구해내도록 하기 위해서였다. 이것은 우리도 마찬가지다. 하나님께서 우리를 구원해주실 때에는 사명도 함께 주셨다고 믿는다. 그러니 우리는 늘 하나님이 주신 사명을 의식하며 살아야 한다. 그러므로 예수 믿는 우리는 악한 짓을 저지르는 것 이상으로 무기력하게 대충 사는 것도 나쁜 짓임을 기억해야 한다.

처음 교회를 개척하고 나니 자는 시간도 아까웠다. 40대 초반에 교회를 개척했는데, 그때 두 가지가 너무 힘들었다. 왜 그렇게 잠은 꼬박꼬박 오는지, 그리고 왜 때 되면 그렇게 배가 고픈지. 자는 시간이랑 먹는 시간이 그렇게 아까울 수가 없었다.

'이렇게 발달된 시대에 누가 한 알만 먹으면 밥 먹은 것 같은 효과가 나는 약 같은 것 좀 개발 안 해주나? 그러면 내가 밥 먹는 시간을 아낄 수 있을 텐데!'

이런 생각을 했던 게 개척 초기의 나였다. 나는 이 책을 읽는 독자들에게, 특히 젊은 청년들에게 당부하고 싶다. 하나님께서 주신 사명을 발견하고 그 사명을 향해 열정을 가지고 달려가는 인생이 되기 바란다. "여호와께서 아브람에게 이르시되 너는 눈을 들어 너 있는 곳에서 북쪽과 남쪽 그리고 동쪽과 서쪽을 바라보라"라고 하신 그 벅찬 꿈을 가지고 사방을 바라보기 바란다.

낭비할 에너지가 어디 있는가?

나는 새벽에 일어나면 미워하는 사람이 없게 해달라고 기도한다. 내가 왜 이런 기도를 하겠는가? 아픔과 상처를 주는 사람들이 끊임없이 나타나는 것이 목회이기 때문이다.

때로는 억지로 참고 사랑하느니 그냥 미워하고 말자 하다가도 하나님께 미워하지 않게 해달라고 기도하는 이유는 상대방을 위해서가 아니다. 쓸데없이 사람 미워하는 데 에너지 낭비할까봐, 나를 위해 기도하는 것이다. 그런 데 에너지를 낭비하고 싶지 않기 때문이다.

다른 집들도 많이들 그런 것 같지만, 우리도 신혼 때 종종 싸웠다. 그리고 그때는 아내의 행동에 시비도 많이 걸었다.

"치약을 왜 그렇게 짜느냐? 자는 습관은 왜 그러느냐? 옷은 이게 뭐냐?"

지금은 1년에 한두 번도 안 싸운다. 아내가 변했기 때문이 아니라 내가 변했다. 이런 사소한 데 에너지를 쓰고 싶지 않기 때문이다.

"어지간한 것은 당신 좋은 대로 해. 치약 가운데부터 짜는 것도 괜찮네."

이렇게 나가자 싸울 일이 없다. 내 아내는 미술을 전공했는데, 신혼 때 보니 예술가적인 기질이 있는 사람은 밤이 깊을수록 정신이 말짱해지는 것 같다. 새벽 2시가 되면 그때부터 막 영감이 떠오르는가보다. 처음엔 만날 싸웠다.

"부부인데 같이 좀 자자!"

요즘엔 안 싸운다. 아내가 뭘 하든 상관없이 시간 되면 그냥 들어가서 혼자 잔다. 그런 것에 에너지를 낭비하고 싶지 않기 때문이다.

나는 우리 딸에게 종종 이렇게 말한다.

"아빠가 살아보니까 멋진 삶을 살기에는 우리에게 부족한 게 너무 많아. 이것도 부족하고 저것도 모자라고, 결핍된 것이 참 많아. 그런데 내가 경험해보니 이것도 모자라고 저것도 모자라지만, 진짜 모자라는 건 시간이야. 꼭 기억해. 너에게 주어진 것 중에 가장 결핍된 게 시간이라는 사실을. 그러니 시간을 낭비하면 안 돼."

지갑도 안 가지고 왔는데 차에 기름이 다 떨어져서 주유 경고등에 불이 깜빡깜빡 들어오면 어떻게 하겠는가? 여름에 더워 죽겠어도 에어컨 다 끈다. 에어컨 켤 에너지가 어디 있는가? 그러다 기름이 완전히 다 떨어져서 도로 중간에 서면 어떻게 하겠는가? 심지어 라디오도 끈다. 혹시라도 기름 닳을까봐. 어떻게 하든지 중간에 기름이 뚝 떨어져서 서는 일이 없도록 긴장한 상태로 집중해서 목적지까지 간다.

이것이 말세를 살아가는 우리의 모습이어야 한다. 기름 없어서 주유 경고등이 깜빡깜빡하는데 할 것 다 하고 둘러볼 것 다 보면서 갈 수 있겠는가? 남 미워할 것 다 미워하고 간섭할 것 다 간섭하면서 이 말세를 살 수 없다.

하나님은 우리가 사소한 것에 그 귀한 은사를 낭비하는 걸 원하지 않으신다. 나는 지금도 하나님 앞에서 더 높은 곳, 더 넓은 곳, 하나님나라의 동서남북을 바라보며 가슴 벅찬 꿈을 꾸기 원한다.

높고 위대하신 하나님의 영광을 바라보자

이런 묵상을 하는데 어느 날 새벽, 이 찬양이 가슴 깊은 곳에서부터 요동을 치며 감동으로 밀려왔다.

주님의 높고 위대하심을 내 영혼이 찬양하네
주님의 높고 위대하심을 내 영혼이 찬양하네

새벽에 일어나 묵상을 하다가도, 아침을 시작하면서도 주님의 높고 위대하심을, 그 하나님의 높은 뜻을 바라보며 하나님께서 내가 이 하루를 어떻게 살기 기대하시는지를 생각하며 그렇게 살아가는 우리 모두가 되었으면 좋겠다. 그렇게 좀 살면 좋겠다.

분당우리교회는 1만성도 파송운동을 펼치고 있고, 또 기존 신자의 등록을 받지 않고 있다. 그러다 보니 지방에라도 내려가면 종종 듣는 게 꾸지람이다.

"목사님, 왜 성도 등록을 안 받아주세요? 우리 애가 분당으로 이사를 가서 교회를 옮기려는데 등록을 안 받아준다고 힘들어하는데."

이런 사연을 들을 때마다 마음이 아프다.

"우리 애만 받아주시면 안 돼요?"

나도 그러고 싶다. 굳이 힘들게 욕 먹어가면서 기존 신자 안 받고 성도 파송하는 것 하고 싶지 않다. 교회 확장되는 것을 어느 목회자가 싫어하겠는가? 그러나 그런 내 마음과 상관없이, 주님의 높고 위대하심을 이웃 교회와 더불어 같이 바라보며 같이 성장하는 것이 더 큰 것을 바라보는 것이기에 의지적으로라도 그렇게 하는 것이다.

삼손처럼 좁은 생각에 그쳐 하나님이 주신 그 엄청난 괴력과 은사를 평생 여자 밝히는 데 사용하는 것이 아니라 좀 더 높은 곳, 좀 더 넓은 곳을 바라보며 이렇게 외치는 삶을 살자.

내가 이미 얻었다 함도 아니요 온전히 이루었다 함도 아니라 오직 내가 그리스도 예수께 잡힌 바 된 그것을 잡으려고 달려가노라 빌 3:12

약점을 방치하는
어리석음

마지막 셋째로 본문에서 발견되는 삼손의 치명적인 문제가 무엇인가? 자신의 약점을 방치한 것이다.

우리는 삼손이 들릴라라는 여자 때문에 망했다고 생각하지만, 그것은 정확한 분석이 아니다. 물론 결과론적으로는 그 말이 맞지만, 여자의 외모에 약했던 자신의 모습을 고치지 않는 한 삼손은 들릴라가 아니었다 하더라도 또 다른 여자한테 넘어가 망했을 것이다.

첫 등장부터 외모에 반해 이방 여자에게 정신을 잃었던 게 삼손이다. 그 이후 내내 여자의 외모에 빠져서 헤매다가 결국 들릴라를 만나서 망하게 된 것 아닌가? 이것이 뭘 의미하는가? 삼손은 들릴라 때문에 망한 게 아니라, 여자의 외모에 빠지면 정신 못 차리는 그 약점을 방치했기 때문에 망한 것이다.

사탄은 찬스의 귀재이다. 삼손처럼 여자에게 약한 사람에게는 들릴라와 같은 여자들이 수없이 접근한다. 참 희한하게도 그렇게 당했으면 이제 알 만도 한데, 사람은 자기를 너무 모른다.

사람에겐 누구나 약점이 있다. 예전에 중등부를 담당할 때 보니까 삼손처럼 이성에 약한 아이들은 중학교 1학년 때부터 눈에 띈다. 항상 이성이 있는 곳을 서성인다. 그때부터 그 아이는 이성에 약한 것이다. 그런 아이들은 은혜 받아야 한다. 그대로 방치하면 그 문제 때문에 반드시 어려움을 겪게 된다.

또 어릴 때부터 유난히 돈에 약한 사람이 있다. 우리 집에 아이 셋이 있는데 참 놀랍다. 용돈을 주면 툭툭 아무 데나 던져놓는 애가 있는가 하면, 깊은 데 잘 보관하는 애가 있다. 이처럼 돈을 대하는 태도, 돈에 대한 집착이 사람마다 다르다.

유명한 가수 선이나 탤런드 차인표 같은 사람들은 정말 어마어마한 액수를 기부한다. 연예인 예배 모임에 가서 간혹 말씀을 전할 때가 있는데, 언젠가 말씀을 전할 때 설교에 앞서 간증을 했던 사람이 가수 선이었다. 그가 고백하기를 그간 어린이 후원단체 컴패션을 통해 100명이 넘는 아이들을 후원해왔다고 한다. 그러면서 그 내용들을 쭉 간증했는데, 간증이 끝나고 설교하기 위해 설교단에 올라가자마자 내가 이렇게 고백했다.

"오늘은 제가 설교할 것이 아니라 저분이 설교를 하셔야겠습니다. 저는 지금 컴패션 아이들 3명을 돕고 있는데, 지난달에 '이걸 언제 끊어야 하나? 아이가 몇 살까지 후원을 하는 거지'라는 생각을 했습니다. 저는 3명을 돕는데도 그런 생각을 했습니다."

그런 사람에게는 하나님이 그것을 은사로 주신 것이다. 많은 돈을 기부하는 것도 어렵게 생각하지 않는다. 하지만 어떤 사람은 돈에 너무 약하다. 작은 금액에도 벌벌 떤다. 그것을 방치하면 안 된다.

우리에겐 어떤 약점이 있는가? 각자 생각해보자. 나도 종종 이런 질문을 나 자신에게 던진다.

'내 안에는 어떤 들릴라가 자라고 있는가? 나는 어느 부분에 특히 약한가?'

뭐, 돈에도 약하고, 여자에도 약하고, 권력에도 약하고, 명예에도 약하고, 다방면에 약한 게 우리이지만, 특별히 약한 부분이 있을 것이다. 그런 부분을 하나님께 내어놓고 도움을 구해야 한다.

눈이 뽑힐 것인가, 들릴라를 뽑아낼 것인가?

나는 가끔 우리 교회 젊은 교역자들에게 이렇게 충고한다.

"하나님 앞에서 '들릴라'의 문제를 해결 받지 않은 상태라면 차라리 설교도 망치고, 뭐 하나 인정받지 못하고 초라한 상태에 빠지는 것이 낫습니다."

괜히 쓸데없이 설교 잘해서 사람들에게 인정받으면, 그래서 유명해진 상태로 '내 안의 들릴라'로 인해 수치스러운 자리에 빠지면 그것이 오히려 더 숨을 곳 없는 부끄러운 자리로 몰아가기 때문이다. 그렇기 때문에 우리는 인생을 걸고 기도해야 한다.

"하나님, 내 안에 자리 잡고 있는 들릴라를 죽여주시옵소서!"

이 문제를 해결해주실 오직 한 분, 예수 그리스도를 붙잡아야 한다. 수많은 문제를 가지고 있던 바울이었지만, 그는 다메섹 도상에서 예수 그리스도를 만나 온전히 새로운 인생을 살 수 있게 되었다.

우리도 예수님을 만난 바울과 같이 될 수 있도록 기도해야 한다.

다행히 아직까지 우리가 삼손처럼 방치해놓은 약점 때문에 눈 뽑히고 인생이 몰락하는 일은 당하지 않았다. 그러나 그것이 내 안에 들릴라가 없다는 얘기는 아니다. 눈 뽑히기 전에 내가 내 안의 들릴라를 뽑아내면 내 눈이 안 뽑히는 것이고, 눈 뽑히기 전에 들릴라를 뽑아내지 못하면 내 눈이 뽑히는 것이다. 둘 중에 하나다. 무엇을 뽑겠는가?

이 순간, 내 안에 자라고 있는 들릴라를 뽑아내야겠다는 결단이 일어나기 바란다. 그래서 내 눈이 뽑힐 위기에서 건짐 받는 은혜가 있기를 바란다.

이런 의미에서 본문에서 살펴본 삼손의 세 가지 잘못, 첫째로 타락한 시대에 편승하여 자기 눈으로 보기에 좋은 대로 행했던 결함과 둘째로 귀한 은사를 사소한 것에 낭비했던 결함, 셋째로 약점을 방치했던 그의 결함을 가지고 하나님 앞에 나아가 간절히 기도하기 바란다. 삼손의 이 세 가지 치명적인 약점은 우리의 약점이기도 하다. 그 약점들이 우리 안에서 회복되고 치유되어 하나님이 우리에게 원하시는 사명을 온전히 감당하는 삶을 살게 되기를 간절히 축복한다.

삼손이 딤나에 내려가서 거기서 블레셋 사람의 딸들 중에서 한 여자를 보고 올라와서 자기 부모에게 말하여 이르되 내가 딤나에서 블레셋 사람의 딸들 중에서 한 여자를 보았사오니 이제 그를 맞이하여 내 아내로 삼게 하소서 하매 그의 부모가 그에게 이르되 네 형제들의 딸들 중에나 내 백성 중에 어찌 여자가 없어서 네가 할례 받지 아니한 블레셋 사람에게 가서 아내를 맞으려 하느냐 하니 삼손이 그의 아버지에게 이르되 내가 그 여자를 좋아하오니 나를 위하여 그 여자를 데려오소서 하니라

chapter 3

기쁨과 감격을 가르치고 전하라

'출애굽 3세대 현상'이란 말이 있다. '출애굽 3세대' 하면 느낌이 딱 오지 않는가? 출애굽 1세대는 모세와 함께 홍해를 건넌 세대다. 그들은 홍해가 갈라지는 기적을 눈으로 직접 목격했으며, 만나를 제공해주신 하나님, 메추라기로 배를 채워주신 하나님, 불기둥과 구름기둥으로 결핍 많은 광야 길을 생생하게 인도하신 하나님의 은혜를 직접 체험한 세대다. 오늘은 여기에 텐트를 쳤다가 내일 일어나면 텐트 걷고 또 떠나야 하는, 그야말로 아무것도 없는 광야에서 하루하루 하나님의 전적인 은혜를 누렸던 세대가 출애굽 1세대이다.

그런가 하면 출애굽 2세대는 부모들이 하나님의 은혜를 얼마나 누리며 살았는지 늘 전해 듣고 자란 세대이다. 그들은 비록 홍해가 갈라지는 현장엔 없었지만, 부모들이 광야에서 받은 은혜를 늘 들으며 자란 세대이며 가나안을 정복했던 세대이다. 가나안 정복 과정을 통해 '아, 부모님이 말씀하신 은혜가 이런 것이구나' 깨달았던 세대가 출애굽 2세대이다.

이에 반해 출애굽 3세대는 조금 특이하다. 사사기 2장 10절을 보자.

> 그 세대의 사람도 다 그 조상들에게로 돌아갔고 그 후에 일어난 다른 세대는 여호와를 알지 못하며 여호와께서 이스라엘을 위하여 행하신 일도 알지 못하였더라 삿 2:10

'다른 세대'라는 표현이 독특하지 않은가? 원래대로 하자면 '그 후에 일어난 다음 세대'여야 하는데, '다른 세대'라고 말한다. 여기에 깊은 의미가 있다.

출애굽 3세대의 특징을 알겠는가? '다음 세대'가 아니라 '다른 세대'라고 표현되는 것이 출애굽 3세대의 특징이다. 즉 출애굽 3세대는 출애굽 1세대와 2세대의 신앙이 전수되지 못해 '여호와를 모르는 세대' 혹은 '자기 소견에 옳은 대로 행하는 세대'라고 정의할 수 있다.

다른 세대가 되어가고 있는 다음 세대

이것을 오늘 우리의 현실에 접목해보자. 출애굽 1세대는 나로 말하면 우리 아버지, 어머니 세대이다. 전쟁을 경험하고 보릿고개를 경험하면서 하나님의 은혜 없이는 살 수 없었던, 그래서 기도가 늘 생생했던 세대이다. 우리처럼 막연하지 않았다.

"하나님, 내일 먹을 쌀 좀 주세요."

"이달 말까지 아이 등록금을 내야 하는데 돈이 없습니다. 하나님, 등록금 좀 마련할 수 있게 해주세요."

눈물로 구하던 세대이고, 그 은혜로 거뜬히 살아낸 세대이다. 그 세대가 바로 출애굽 1세대라고 생각한다.

그런가 하면 2대째 예수 믿는 나와 같은 경우는 출애굽 2세대라고 할 수 있다. 부모님들이 어떻게 하나님의 은혜를 받아 누렸는지 그 감격을 늘 손수건 적시며 눈물로 전해주시는 것을 들으며 자란 세대가 우리 세대이다. 그리고 그 부모님 신앙의 영향을 받아서 말씀 안에서 살기를 애쓰고 있는 세대라는 특징도 있다. 처음에 분당 우리교회를 개척했을 때 절대적인 신앙을 가지고 하나님만을 의지하라는 어머니의 경고의 말씀에 귀를 기울일 수 있었던 것도 내가 출애굽 2세대였기 때문에 가능한 일이었다.

이런 관점으로 보면 우리 교회 청소년들과 우리 아들딸 세대가 출애굽 3세대라고 할 수 있다. 예수 믿는 가정에 태어난 덕분에 어릴 때부터 교회에 다니며 크리스천 문화에 속해 살고는 있지만, 윗대 어른들처럼 영적으로 생생한 은혜를 경험하지 못한 젊은 세대가 나는 가슴 아프다.

주일학교와 대학부, 청년부 현장에서 사역하는 수많은 지도자들이 괴로워하고 힘들어하는 부분도 바로 이것이다. 말씀이 스며들지 않는다는 것이다. 엿새 동안 너무 현란한 세상 문화에 노출되다 보니 주일날 딱 한 시간 주일학교에서 예배드리고 공과 공부 하는 것으로는 역부족이란 것이다. 정말 기도해야 할 문제이다.

내가 이 문제를 거론하는 이유는 본문에 나오는 삼손에게서 출애굽 3세대 현상을 볼 수 있기 때문이다. 앞에서 살펴본 것처럼 삼손의 아버지 마노아는 하나님이 원하시는 구별된 삶을 살았다. 삶 속에서 늘 하나님께 질문하고 하나님의 뜻을 살피며 악한 세상에 물들지 않는 경건을 보여주었다. 그런데 불행하게도 삼손에게는 아버지의 믿음이 하나도 전수되지 않았다. 사사기 14장 3절을 보자.

> 삼손이 그의 아버지에게 이르되 내가 그 여자를 좋아하오니 나를 위하여 그 여자를 데려오소서 하니라 삿 14:3

이미 얘기한 것처럼, 여기 나오는 '내가 그 여자를 좋아하오니'가 '자기 눈에 좋은 대로'이다. "내 눈에 보기 좋으니 나는 이방 여자와 결혼하겠다"는 것이다. 이것이 뭘 의미하는가? 삼손은 자기 아버지와 달리 각기 소견에 옳은 대로 행하던, 당시 타락했던 그 시대의 영향을 받으며 자랐다는 것이다. 이런 점에서 삼손을 출애굽 3세대 인물이라고 할 수 있다.

그렇다면 어떻게 해야 우리 다음 세대 자녀들이 부모 세대의 신실한 믿음을 전수받도록 할 수 있을까? 어떻게 하면 우리 자녀들이, 손자 손녀들이 삼손과 같이 '다른 세대'가 되는 비극을 막을 수 있을까? 본문을 중심으로 몇 가지로 나눠보자.

대안 1, 신앙의 의미 부여를 하라

첫째로, 삼손과 같은 출애굽 3세대를 위해서는 무엇보다 '신앙적인 의미 부여'가 필요하다. 앞에서 살펴본 것처럼 삼손의 잉태를 예고하는 사사기 13장을 보면 '하지 말라'는 하나님의 명령이 계속 등장한다.

> 그러므로 너는 삼가 포도주와 독주를 마시지 말며 어떤 부정한 것도 '먹지 말지니라' 삿 13:4

> 보라 네가 임신하여 아들을 낳으리니 그의 머리 위에 삭도를 '대지 말라' 삿 13:5

> 그가 내게 이르기를 보라 네가 임신하여 아들을 낳으리니 이제 포도 주와 독주를 '마시지 말며' 어떤 부정한 것도 '먹지 말라' 삿 13:7

> 여호와의 사자가 마노아에게 이르되 내가 여인에게 말한 것들을 그

가 다 삼가서 포도나무의 소산을 '먹지 말며' 포도주와 독주를 '마시지 말며' 어떤 부정한 것도 '먹지 말고' 내가 그에게 명령한 것은 다 지킬 것이니라 하니라 삿 13:13,14

어떻게 보면 숨이 막힐 것 같다. 이것도 하지 마라, 저것도 하지 마라, 이것도 먹지 말고, 저것도 먹지 말라. 이게 딱 내가 어릴 때 신앙생활 하던 그 분위기 같다. 나는 어린 시절, 괜히 목사 가정에 태어나서 죽을 것 같았다.

"너 담배 피우면 안 돼, 손가락 내봐봐. 너 술 마시냐? 술 마시면 안 돼. 여자 친구도 사귀지 마."

너무나 엄격하고 보수적인 고신교단에서 자라다 보니 안 되는 것 투성이였다.

지금은 그런 엄격한 교육을 받으며 자란 것을 감사하고 있지만, 당시에는 계속 이것도 하지 마라, 저것도 하지 마라 하니 살 수가 없었다. 지금 본문이 딱 그것 아닌가?

그런데 사사기 13장을 묵상하다가 놀라운 것을 발견했다. 하나님은 우리 윗대 어른들이 우격다짐으로 강요했던 것처럼 그렇게 무작정 강요하지 않으셨다는 것이다. 말씀을 다시 한번 보자.

보라 네가 임신하여 아들을 낳으리니 그의 머리 위에 삭도를 대지 말라 이 아이는 태에서 나옴으로부터 하나님께 바쳐진 나실인이 됨이

라 그가 블레셋 사람의 손에서 이스라엘을 구원하기 시작하리라 하
시니 삿 13:5

그가 내게 이르기를 보라 네가 임신하여 아들을 낳으리니 이제 포도
주와 독주를 마시지 말며 어떤 부정한 것도 먹지 말라 이 아이는 태
에서부터 그가 죽는 날까지 하나님께 바쳐진 나실인이 됨이라 하더
이다 하니라 삿 13:7

여기 보면 하나님께서 무작정 기계적으로 "하지 마!"를 남발하시
는 것이 아니라, 그렇게 해야 하는 이유와 그것에 대한 의미 부여를
하고 계시는 것을 볼 수 있다. 왜 머리에 삭도를 대면 안 되는지, 왜
포도주와 독주를 마시면 안 되는지에 대한 이유와 의미를 부여하면
서 말씀하신다.

윽박지르지 말고
의미를 알려주라

오늘 우리 어른들, 부모들이 반성해야 할 것이 바로 이것이다. 우리
가 자녀 세대에게 의미 부여를 하지 못했다. 그냥 기계적으로 윽박
지르기만 했다. 유치부, 초등학생들 예배를 봐도 그렇다. 기도의 의
미는 가르쳐주지 않으면서 기계적으로 "기도할 때 눈 뜨지 마!" 하
면서 윽박지르는 것이 무슨 효과가 있겠는가?

나의 주일학교 시절을 떠올려보면 예배 시간에 대표기도 하시는 선생님들이 기도를 굉장히 길게 하셨다. 그래서 아예 어느 선생님의 기도 순서가 오면 '푹 자는 시간'으로 인식하기도 했었다. 너무 지루해서 살짝 눈떠보면 제일 무섭게 생긴 선생님이 자기는 기도도 안 하고 눈 부릅뜨고 감시하고 있어서 다시 황급히 눈을 감던 기억도 난다. 이런 것이 우리 신앙생활의 첫 출발이었다.

이것이 얼마나 나쁜지 아는가? 아이들 머릿속에 교회는 무섭고 재미없는 곳이다. 더구나 요즘에는 우리 자랄 때와는 달리 엿새 동안 아이들의 마음을 빼앗는 재미있는 곳이 너무 많다. 이런 현실이기에 많은 아이들이 교회는 재미없고 지루한 곳이라는 생각을 갖기가 더 쉽다.

게다가 예수 잘 믿는 부모를 만난 아이들은 주중에도 "애들아, 큐티는 했니? 안 했으면 함께 큐티하자. 말씀은 읽었어?" 이런 잔소리를 들으며 살아야 한다. 이런 엄격한 신앙 교육이 귀한 것이긴 하지만, 기계적으로 "이건 해야 해, 저건 해서는 안 돼" 하며 의미 부여 없는 일방통행식의 교육은 부작용이 많다는 것을 기억해야 한다.

"왜 다른 애들은 술, 담배 다 하고 사는데 너는 그러면 안 되는지 아니? 너는 세상과 구별된 존재이기 때문이야. 너는 하고 싶은 대로 막 사는 세상 사람들과 존재가 다른 거야. 너는 사랑받기 위해 태어났고, 그것을 전하는 사람이야. 왜 내킨다고 아무 여자나 사귀고 성적인 관계를 가지면 안 되는지 아니? 엄마 아빠도 세상 아이들이 다 그렇게 산다는 걸 모르는 게 아니야. 하지만 너에게는 세상을 변화시켜야 할 사명이 있어. 너는 세상에 휩쓸려 다니는 사람이 아니라, 세상을 바꾸는 사람이 되어야 해. 너는 온도계가 아니라 온도 조절기 같은 사람이 되어야 할 사명이 있어. 실외가 아무리 덥거나 추워도 하나님이 원하시는 가장 쾌적한 온도를 만들어낼 사명이 너에게 있어. 그래서 세상 사람들처럼 살면 안 되는 거야."

우리 자녀들에게 이 의미를 자꾸 가르쳐야 한다. 그리고 그러한 삶을 위해선 대가 지불이 필요하다는 사실을 알려주어야 한다.

대가를
지불하는 삶을 살라

이런 면에서 젊은이들에게 정말 당부하고 싶다. 우리는 세상의 흐름대로 사는 존재가 아니다. 우리에겐 삼손처럼 세상과 구별된 삶을 살아야 할 이유가 있다. 하나님이 우리를 통해 일하기 원하시기 때문이다. 하나님은 우리가 각 분야에서 빛과 소금의 역할을 감당하도록 우리를 세워주셨는데, 그 일을 위해선 대가 지불이 필요하다. 모든 가치 있는 일에는 다 대가 지불이 필요하다.

나 역시 설교를 한 편 준비할 때마다 피를 말리는 대가 지불을 한다. 오죽하면 '은퇴하려면 몇 년 남았나?'를 계산할 때가 있겠는가? 그러나 설교 단상에 오르기 직전까지 어깨가 뭉치고 눈이 아플 정도로 말씀 준비하는 것이 힘들긴 하지만, 그렇게 정성껏 준비한 말씀을 선포했을 때 찾아오는 마음의 기쁨이 얼마나 큰지 모른다. 나는 이것이 대가 지불한 사람에게 주시는 하나님의 선물이라 믿는다.

이처럼 대가 지불한 자들에게 주시는 하나님의 기쁨이 있다는 사실을 기억해야 한다. 예수 믿기 때문에 이것도 못 하고, 저것도 절제해야 하는 부담이 있지만, 그런 절제를 이루어가는 과정에서 하나님이 주시는 예기치 못한 기쁨을 맛보고 누리는 삶, 이것이 믿는 우리가 누리는 복이라 믿는다.

우리는 하나님께 쓰임 받기 위해서는 '셀프컨트롤'(self-control), 곧 절제가 필요함을 기억해야 한다. 절제는 한마디로 '자기를 통제하는 힘'이다. 이 절제를 배우지 않고 사명을 감당하는 삶을 살기란 불가능하다. 먼 미래를 바라보고 지금 한순간의 즐거움을 유보할 줄 아는 제동 장치가 필요한 것이다.

다 아는 것처럼 하나님이 위기의 때에 쓰시려고 요셉을 준비시키셨는데, 그 첫 번째 관문이 무엇이었는가? 성적인 유혹을 이겨내는 것이었다. 다니엘도 마찬가지다. 그 어린 나이에 비참하게 포로로 끌려가 이제 인생이 끝난 것 같았지만 오히려 포로로 끌려갔기 때문에 그 인생이 빛날 수 있었던 것은, 첫 관문에서 그가 뜻을 정하고 아무리 왕의 진수성찬이라 할지라도 흔들리지 않겠다는 무서운 자기 절제를 발휘했기 때문이다.

다니엘은 뜻을 정하여 왕의 음식과 그가 마시는 포도주로 자기를 더

럽히지 아니하리라 하고 자기를 더럽히지 아니하도록 환관장에게 구하니 단 1:8

의미도 없고 왜 그런지도 모르지만 그냥 부모님이 하지 말라고 하니까 기계적으로 그 말을 듣는 것이 아니라, '내가 오늘 대가 지불을 하고 절제하고 참았던 이 한 가지가 반드시 하나님께서 기뻐하시는 열매로 나타난다'라는 의미 부여가 우리 마음에 일어나야 하는 것이다.

오늘 우리 가운데 다니엘보다 환경이 나쁜 사람은 없지 않겠는가? 비록 지금 형편이 집안은 가난하고, 부모님은 이혼하시고, 사방이 다 막혀 있는 것 같은 상황일지라도 다니엘처럼 뜻을 정하여 '기준 없이 함부로 먹지 않겠다, 막 살지 않겠다'는 의미 부여가 있을 때, 하나님이 그 대가 지불을 통하여 우리 삶을 너무나 아름다운 삼십 대, 사십 대, 오십 대로 이끌어주실 줄 믿는다.

이것을 믿으며 자신의 삶에 자꾸 의미를 부여하여 스스로 대가를 지불하고 절제하는 삶을 사는 젊은이들이 되기를 바란다. 그리고 그런 자녀들을 응원하면서 그들의 삶에 아름다운 대가 지불과 절제가 이뤄지도록 끊임없이 의미 부여를 해주는 아름다운 부모 세대가 되기를 바란다.

대안 2,
기도의 능력을 가르쳐라

둘째로, 삼손과 같은 출애굽 3세대를 위해 기성세대가 해야 할 일이 하나 더 있는데, 그것은 기도의 중요성을 가르치는 것이다. 하나님을 찾지 않고 자기 멋대로 살아가는 시대의 가장 큰 특징은 기도가 약화되는 것이다. 사사기를 보면, 초반에는 힘들고 어려울 때 하나님을 찾고 부르짖는 기도가 살아 있었다. 그래서 일명 '사사기 패턴'이라고 하는 '타락-징계-회개-회복'의 과정이 있었다. 회개의 과정이 없는데 어떻게 회복이 있었겠는가? 그러니 아무리 타락했던 사사 시대였어도 초반에만 하더라도 기도가 살아 있었다는 것이다.

> 이스라엘 자손이 여호와께 부르짖어 이르되 우리가 우리 하나님을 버리고 바알들을 섬김으로 주께 범죄하였나이다 하니 삿 10:10

이러한 간절한 회개의 기도를 통해 하나님께서는 이스라엘 백성을 다시 회복시키시고 이방 나라들로부터 지켜주셨다. 그런데 가슴 아프게도 이렇게 하나님께 부르짖는 모습이 사사기 10장 10절을 끝으로 한동안 등장하지 않는다. 삼손은 이런 사회 분위기에서 자랐다.

여기에서 삼손의 아버지 마노아와 관련한 약점을 하나 발견하게 된다. 마노아 자신은 기도의 중요성을 잘 알아서 틈만 나면 하나님께 기도하고 하나님의 뜻을 물었지만, 그것을 자녀에게 전수하지 못했다는 점이다. 세상이 하나님을 찾지 않고 제 소견에 옳은 대로 행하는 어두운 시대일수록 자녀들에게도 기도하는 삶을 가르쳐야 하는데, 마노아는 그러지 못했다. 사사기 14장 10절을 보자.

> 삼손의 아버지가 여자에게로 내려가매 삼손이 거기서 잔치를 베풀었으니 청년들은 이렇게 행하는 풍속이 있음이더라 삿 14:10

"청년들은 이렇게 행하는 풍속이 있음이더라"라는 표현처럼, 삼손은 그 시대 풍속 그대로를 따르고 있는 모습을 볼 수 있는데, 그야말로 자기 소견에 옳은 대로 행하는 그 시대에 편승해서 살아가는 모습을 보여주는 대목이다.

이 본문에서 내가 주목하는 것은 아버지 마노아의 태도이다. 외모만 보고 이방 여자랑 결혼하는 것은 안 된다고 반대했던 아버지 마노아가 어떤 결론을 내리고 있는가?

"삼손의 아버지가 여자에게로 내려가매."

결국은 아들이 원하는 잘못된 방식대로 끌려가는 모습을 보이고 있는 마노아를 볼 수 있는데, 이것이 오늘 우리 시대 부모의 모습은 아닌가? 말씀에 순종하는 신실한 성도이지만, 자녀들이 세상 방식대로 살아가는 것을 어떻게 하지 못하는 무기력한 부모의 모습이다.

나는 삼손에게서 가슴 아픈 모습 하나를 발견하는데, 삼손의 부르짖는 기도가 처음 등장하는 곳이 사사기 15장 18절이란 것이다.

삼손이 심히 목이 말라 여호와께 부르짖어 이르되 주께서 종의 손을 통하여 이 큰 구원을 베푸셨사오나 내가 이제 목말라 죽어서 할례 받지 못한 자들의 손에 떨어지겠나이다 하니 삿 15:18

또 사사기 16장 28절을 보자.

삼손이 여호와께 부르짖어 이르되 주 여호와여 구하옵나니 나를 생각하옵소서 하나님이여 구하옵나니 이번만 나를 강하게 하사 나의 두 눈을 뺀 블레셋 사람에게 원수를 단번에 갚게 하옵소서 하고
삿 16:28

내가 이 구절을 읽으면서 마음이 아픈 것은, 삼손은 지금 목이 말라 죽을 것 같은 위기의 상황에서, 그리고 두 눈이 뽑히게 된 절망적인 상황에서야 비로소 하나님께 부르짖는 것이 왜 필요한지를 깨닫고 기도하고 있다는 사실이다.

이것을 부모로부터 좀 일찍 전수 받았더라면 얼마나 좋았겠는가? 그랬더라면 삼손이 사사기 14장에 처음 등장할 때 이방 여자의 외모에 마음이 끌려 잘못된 판단을 하려 할 때, '이럴 때 내가 하나

님께 기도해야 한다. 이 무서운 성적 유혹을 이겨내기 위해 하나님께 부르짖을 때다' 깨닫고 기도의 자리로 나아가 눈 뽑히는 비극은 피했을 것 아닌가?

교회 홈페이지나 나에게 개인적으로 보내오는 간증들을 봐도 부모는 믿음이 좋았는데 자신은 세상에서 방황하고, 죽을 고생하고, 이혼하고, 병을 얻고 나서야 하나님을 만나고 부르짖게 되었다는 내용이 많다. 원통한 일 아닌가?

물론 아픔을 겪으면서도 깨닫지 못하는 것보다야 훨씬 감사한 일이지만, 우리 자녀들이 기도의 소중함과 능력을 조금 일찍 알았더라면 얼마나 좋았겠는가?

그러므로 부모는 기억해야 한다. 우리 자녀들에게 살아가다 앞이 캄캄하고 억장이 무너질 때, 인간의 힘으로는 어떻게 할 수 없는 낙심된 일이 찾아올 때에도 하나님을 찾아야 하지만, 그런 비극을 막는 예방 차원에서도 기도가 소중한 역할을 한다는 사실을 알려주어야 한다. 그래야 삼손같이 두 손 두 발 다 묶이고 두 눈이 뽑힌 후에야 겨우 하나님께 부르짖는 비극을 막을 수 있다.

오늘 우리 기성세대, 부모 세대는 우리 아이들을 방치해놓은 것, 우리는 기도의 기쁨과 능력을 알고 구하면서도 우리 자녀들에게는 가르치지 않은 것을 눈물로 회개해야 한다. 그래서 다음 세대 청년들이 "너는 내게 부르짖으라 내가 네게 응답하겠고 네가 알지 못하는 크고 은밀한 일을 네게 보이리라"(렘 33:3)라고 하신 이 말씀의 능력을 진실로 맛보게 되기를 간절히 바란다.

대안 3,
영적인 즐거움을 맛보게 하라

마지막 셋째로, 삼손과 같은 출애굽 3세대를 위해 우리가 해야 할 일은 그들이 '영적인 즐거움'을 맛보도록 도와야 한다는 것이다.

앞에서 얘기한 것처럼, 출애굽 1세대와 2세대는 홍해를 건너는 과정에서, 광야 생활 과정에서, 그리고 가나안을 정복하는 과정에서 생생한 하나님의 일하심을 맛본 세대이다. 그러면 그들이 져야 할 책임은 무엇인가? 하나님의 생생한 역사를 경험하지 못한 출애굽 3세대에게 자기들이 경험했던 영적인 충만함과 기쁨을 전해줘야 하는 것 아닌가? 사사기 13장 3절을 보자.

> 여호와의 사자가 그 여인에게 나타나서 그에게 이르시되 보라 네가 본래 임신하지 못하므로 출산하지 못하였으나 이제 임신하여 아들을 낳으리니 삿 13:3

이렇게 놀라운 출생의 비밀이 있었다. 그러므로 아버지 마노아는 삼손에게 "머리를 깎지 마라, 포도주를 먹지 말라"고 가르치는 동시에 그가 어떤 은혜로 태어날 수 있었는지, 또 그 과정에서 얼마나 가슴 벅찬 감격이 있었는지를 가르쳤어야 했다.

"네가 어떤 은혜로 이 땅에 태어났는지 아니? 네가 태어나 호흡하는 것 자체가 축복이야. 그것이 기적이야."

이것을 전해주었어야 한다. 그리고 당시 타락한 세상에 물들지 않는 삶을 사는 것이 얼마나 즐겁고 기쁜지 알려주었어야 한다. 세상 모든 사람들이 바람피우고 둘째 부인, 셋째 부인을 거느리며 아이들을 60명씩 낳을 때, 아이를 낳지 못하는 한 명의 부인과 살아가는 것을 보며 온 동네 사람들이 "저 꽁생원 같은 마노아, 애도 없는데 부인이 한 명밖에 없네"라고 비아냥거릴 때 자기가 어떤 힘으로 버틸 수 있었는지를 아들 삼손에서 전해주었어야 한다.

'저들은 영적인 기쁨을 몰라. 부인을 열 명 데리고 있는 것보다 하나님 앞에서 순종할 때 하나님이 주시는 기쁨이 더 크다는 사실을 저들은 몰라.'

아버지가 가진 이 큰 영적인 기쁨을 아들에게 전해주지 못하니, 삼손은 예쁜 여자 만나서 쾌락을 즐기는 것이 기쁨의 전부인 줄 알았던 것 아니겠는가?

우리는 이 기쁨을 자녀들에게 흘려보내야 한다. 밥을 먹으면서도 "오늘 교회에 가서 예배를 드리니 얼마나 기쁜지 몰라. 예배를 통해 얻는 영적 공급이 내 삶에 큰 영향을 줘"라고 고백하며 자꾸 기쁨을 흘려보내야 한다.

보여주는 것만큼
좋은 교육이 없다

언젠가 자녀 교육 전문가의 글을 읽었는데, 최고의 자녀 교육은 '이렇게 살아라, 저렇게 살아라' 말 많이 하면서 가르치는 것이 아니라 부부가 행복한 모습을 직접 보여주는 것이라고 한다. 부부가 서로 사랑하고 행복한 모습을 보여만 줘도 그것이 최고의 자녀 교육이란 것이다. 우리의 문제는 무엇인가? 가정에서 부부가 행복한 모습을 보여주지는 않고 말로만 "너, 결혼 안 해? 결혼이 얼마나 중요한지 아니?"라고 하는 것이다.

신앙생활도 마찬가지다. 부모 된 우리가 먼저 주님이 주시는 은혜의 기쁨을 많이 누릴 뿐 아니라 그 기뻐하는 모습을 자녀들에게 자꾸 보여주어야 한다. 사실 내가 아버지의 뒤를 이어 목사가 될 수 있었던 것도 어머니의 눈물의 찬양, 그 속에 담겼던 감격이 내게 전수되었기 때문이다.

나의 갈 길 다 가도록 예수 인도하시니
내 주 안에 있는 긍휼 어찌 의심하리요
믿음으로 사는 자는 하늘 위로 받겠네
무슨 일을 만나든지 만사형통하리라
무슨 일을 만나든지 만사형통하리라

나의 갈 길 다 가도록 예수 인도하시니
어려운 일 당한 때도 족한 은혜 주시네
나는 심히 고단하고 영혼 매우 갈하나
나의 앞에 반석에서 샘물 나게 하시네
나의 앞에 반석에서 샘물 나게 하시네

어머니가 진정으로 누렸던 이 감격을 보고 배우지 못했다면 오늘의 나는 없었을 것이다. 우리에겐 이것을 자녀에게 전수해야 할 책임이 있다.

지금까지 나눈 것처럼 우리는 더 늦기 전에 출애굽 3세대 같은 우리 아이들에게 신앙적인 의미 부여를 해주고, 기도의 능력을 가르쳐 줘야 한다. 그리고 영적인 즐거움을 맛보도록 도와주어야 하는데, 그 가장 좋은 방법은 우리가 그 기쁨을 누리고 그 모습을 보여주는 것이다. 그래서 너무나 소중한 우리의 다음 세대가 다른 세대가 되는 비극이 없기를 정말 간절히 바란다. 그 은혜가 우리와 우리 자녀들에게 충만하게 넘치기를 바란다.

삼손이 그의 부모와 함께 딤나에 내려가 딤나의 포도원에 이른즉 젊은 사자가 그를
보고 소리 지르는지라 여호와의 영이 삼손에게 강하게 임하니 그가 손에 아무것도
없이 그 사자를 염소 새끼를 찢는 것같이 찢었으나 그는 자기가 행한 일을 부모에게
알리지 아니하였더라 그가 내려가서 그 여자와 말하니 그 여자가 삼손의 눈에 들었
더라 얼마 후에 삼손이 그 여자를 맞이하려고 다시 가다가 돌이켜 그 사자의 주검을
본즉 사자의 몸에 벌 떼와 꿀이 있는지라 손으로 그 꿀을 떠서 걸어가며 먹고 그의
부모에게 이르러 그들에게 그것을 드려서 먹게 하였으나 그 꿀을 사자의 몸에서 떠
왔다고는 알리지 아니하였더라

chapter **4**

타락을 막는 길

딤나에서 만난 여자의 외모에 첫눈에 반한 삼손은 이제 그 여자와 결혼을 하려고 한다. 본문에는 결혼을 위해 자기 부모와 함께 딤나로 내려가는 과정에서 삼손이 겪은 몇 가지 사건들이 기록되어 있다. 어떻게 보면 대수롭지 않게 넘어갈 수 있는 내용이지만, 나는 여기서 굉장히 중요한 포인트를 발견했다. 8,9절을 보자.

> 얼마 후에 삼손이 그 여자를 맞이하려고 다시 가다가 돌이켜 그 사자의 주검을 본즉 사자의 몸에 벌 떼와 꿀이 있는지라 손으로 그 꿀을 떠서 걸어가며 먹고 그의 부모에게 이르러 그들에게 그것을 드려서 먹게 하였으나 그 꿀을 사자의 몸에서 떠왔다고는 알리지 아니하였더라 삿 14:8,9

여기 보면 삼손이 사자의 몸에서 꿀을 가져다가 부모에게 드리고는 "그 꿀을 사자의 몸에서 떠왔다고는 알리지 아니하였더라"라고 했다. 나는 특히 이 부분이 주는 의미가 굉장히 깊다고 생각한다. 삼손이 왜 그렇게 점점 타락해갈 수밖에 없었고, 그래서 결국에는 두 눈이 뽑히는 비극을 초래하게 되었는지에 대한 중요한 힌트를 이 짧은 한마디에서 발견할 수 있기 때문이다.

이제 본문에 나오는 삼손의 모습을 살피면서 그것을 타산지석으로 삼아 어떻게 하면 우리가 삼손과 같은 타락의 길로 걸어가지 않을 수 있는지를 생각해보자.

사람을 의식하는 신앙생활은 위험하다

첫째, 삼손과 같은 타락을 막기 위해서는 '사람만을 의식하는 신앙생활은 위험하다'는 것을 인식해야 한다.

이게 무슨 말인가 하면, 삼손은 나실인이기 때문에 지켜야 할 규정 세 가지가 있었다. 그 내용이 민수기 6장에 나온다. 민수기 6장 2절에 보면 "이스라엘 자손에게 전하여 그들에게 이르라 남자나 여자가 특별한 서원 곧 나실인의 서원을 하고 자기 몸을 구별하여 여호와께 드리려고 하면"이라고 하면서 이어서 '나실인'이 지켜야 할 세 가지 금기 사항에 대해 열거하고 있다. 첫 번째는 3절 말씀이다.

포도주와 독주를 멀리하며 포도주로 된 초나 독주로 된 초를 마시지 말며 포도즙도 마시지 말며 생포도나 건포도도 먹지 말지니 민 6:3

두 번째는 5절에 나온다.

그 서원을 하고 구별하는 모든 날 동안은 삭도를 절대로 그의 머리에 대지 말 것이라 자기 몸을 구별하여 여호와께 드리는 날이 차기까지 그는 거룩한즉 그의 머리털을 길게 자라게 할 것이며 민 6:5

세 번째는 6절이다.

자기의 몸을 구별하여 여호와께 드리는 모든 날 동안은 시체를 가까이하지 말 것이요 민 6:6

첫째는 포도주와 독주를 멀리할 것, 둘째는 삭도를 머리에 대지 말 것, 셋째는 시체를 가까이하지 말 것, 이 세 가지가 나실인이 지켜야 할 조항들이었다.

삼손과 관련된 기록을 보면, 그는 특히 '삭도를 머리에 대지 말라'는 두 번째 조항을 지키기 위해 발버둥 치는 인생을 살았다. 이것 자체는 나쁘지 않다. 나실인으로서 하나님의 명령을 지키려 애쓰는 것을 나쁘다고 말할 순 없다.

하지만 삼손이 가지고 있던 치명적인 문제가 무엇인가? 사사기 14장 9절을 다시 보자.

손으로 그 꿀을 떠서 걸어가며 먹고 그의 부모에게 이르러 그들에게 그것을 드려서 먹게 하였으나 그 꿀을 사자의 몸에서 떠왔다고는 알리지 아니하였더라 삿 14:9

지금 삼손이 보이는 태도는 어떤가? 머리카락을 자르면 사람들 눈에 금방 띈다. '어? 나실인인데 머리카락을 잘랐네?' 하며 금세 사람들 입에 오르내릴 것이다. 삼손은 이렇게 사람들이 금세 알 수 있는 머리카락은 자르지 않기 위해 발버둥 치며 애썼지만, 사람들이 보지 않는 곳에서 또 다른 금기 사항인 시체를 만지는 것은 아무런 갈등 없이 행했다. 늘 자기 눈에 좋은 대로 자기만족을 위해 살았기에 달콤한 꿀이 먹고 싶은데 그게 죽은 사자의 몸에 있으면 주변을 쓱 한번 둘러보고 그냥 먹는 것이다.

이런 추측이 가능한 것은 9절 끝부분에서 삼손이 보여주는 태도 때문이다.

"그 꿀을 사자의 몸에서 떠왔다고는 알리지 아니하였더라"

자신도 그것이 잘못된 행동이란 것을 알고 있다는 것 아닌가? 이 것이 삼손이 가진 나쁜 태도이다.

신앙생활 하는 우리는 삼손이 보여주는 이런 이중적인 태도를 두려워해야 한다.

위선적이고
가식적인 태도를 버려라

모르고 잘못하는 것은 가르칠 수 있다. 그러나 나쁜 줄 알면서도 행하는 삼손과 같은 태도는 가르쳐서 고쳐줄 수도 없기에 더 치명적이다.

특히나 예수님은 이런 위선적인 태도를 굉장히 혐오하신다. 위선적인 서기관과 바리새인들을 향해 던지시는 추상같은 책망을 들어보라.

화 있을진저 외식하는 서기관들과 바리새인들이여 회칠한 무덤 같으니 겉으로는 아름답게 보이나 그 안에는 죽은 사람의 뼈와 모든 더러운 것이 가득하도다 이와 같이 너희도 겉으로는 사람에게 옳게 보이되 안으로는 외식과 불법이 가득하도다 마 23:27,28

이 이상 모욕적인 표현이 또 있을까? 예수님은 이렇게 외식하는 자들, 즉 겉만 번지르르한 것에 대해 극심한 혐오를 표현하셨다.

구약에서도 이런 표현을 찾아볼 수 있다. 예레미야서 3장이다.

네가 이제부터는 내게 부르짖기를 나의 아버지여 아버지는 나의 청년

시절의 보호자이시오니 노여움을 한없이 계속하시겠으며 끝까지 품

으시겠나이까 하지 아니하겠느냐 보라 네가 이같이 말하여도 악을

행하여 네 욕심을 이루었느니라 하시니라 렘 3:4,5

예레미야 당시 사람들의 위선을 적나라하게 지적하시는 모습이

다. 겉으로는 "나의 아버지여 아버지는 나의 청년 시절의 보호자이

십니다"라고 고백하며 하나님과의 친밀함을 표현하지만, 당시 백성

들의 실제 삶을 보건대 이것이 너무나 가식적이고 입에 발린 소리란

것을 하나님은 잘 알고 계셨다.

혹시 우리가 기도할 때 하나님이 이렇게 지적하시면 어떻게 하겠

는가? 새벽부터 늦은 밤까지 하나님께 온갖 미사여구를 동원하여

간절히 기도하는데, 하나님께서 그 기도를 예레미야 3장에 나오는

이스라엘 백성들의 기도를 대하듯이 하신다면 말이다.

그러므로 우리가 드리는 기도가 하나님이 기뻐 받으시는 기도가

되기 위해서는, 삼손과 같이 다른 사람의 눈을 의식하며 사람들 눈

에 잘 띄는 머리카락은 사수하기 위해 애쓰면서 보이지 않는 곳에서

는 달콤한 꿀에 탐욕을 부려 시체를 만지는 것에는 아랑곳하지 않

는 가식적인 태도를 고쳐야 한다. 그렇지 않고는 우리의 기도가 향

기로운 제물이 될 수 없다.

경건의 모양은 있으나 경건의 능력은 부인하니 이 같은 자들에게서

네가 돌아서라 딤후 3:5

나는 우리 교회에서 드려지는 모든 예배와 기도회가 경건의 모양만 있고 능력은 부인하는 '이 같은 자들에게서 돌아서는' 자리가 되기를 바란다.

아무도 없을 때
나는 누구인가?

이런 면에서 나는 미국 윌로우크릭교회의 빌 하이벨스 목사님이 쓴 《아무도 보는 이 없을 때 당신은 누구인가?》라는 책의 제목을 항상 마음에 담아두고 종종 되뇐다.

밝은 조명 아래서 수많은 사람들이 나를 바라보고 있을 때 내 모습은 진짜 내 모습이 아니다. 설교를 전하는 강단 위에서는 마치 모범 답안을 전하는 것과 같다. 내 진짜 모습을 보는 사람은 우리 집에서 함께 생활하는 아내와 아이들밖에 없다. 사실 그것도 내 진짜 모습이 아닐 수 있다. 아내와 세 아이조차 보지 못하는 나 혼자 있을 때의 모습이 진짜 내 모습이라는 것이다.

그래서 나는 부끄럽지 않기 위해 자꾸 이렇게 되뇐다.

"아무도 보는 이 없을 때 당신은 누구인가?"

바로 그 모습이 진짜 내 모습이다.

어제 아무도 보는 사람이 없을 때 당신의 모습은 어땠나? 그제 아무도 보는 사람이 없을 때 시체를 만지며 꿀을 먹었던 그 모습들이 생각나서 하나님께 회개하는 역사가 일어나기를 바란다.

이것이 왜 중요한지 아는가? 우리가 십자가 앞에서 이런 외식하는 태도를 날마다 죽이지 않으면, 그래서 이것이 굳어지면 삼손처럼 눈 뽑히고 망하게 되기 때문이다.

식품을 살균하는 방법 중에 '저온 살균'이라는 게 있다. 이것을 '저온 간헐살균'이라고도 하는데, 왜 이렇게 부르는가 하면 균을 죽이기 위해 고열을 가하면 대부분의 세균은 죽지만 아무리 열을 가해도 죽지 않는 균이 있다고 한다. 이미 포자를 형성하여 그 안에 숨어 있는 균들이 바로 그런 균들이다. 그렇기 때문에 열을 가하여 어지간한 균들이 다 죽고 나면 균들이 좋아하는 온도인 상온에서 하루 정도 방치하여 숨어 있던 균들이 본능적으로 번식을 위해 포자를 깨고 나오도록 기다린다고 한다. 그러면 그때 다시 열을 가하여 균을 죽이는 것이다. 이것을 몇 번 반복하여 세균을 모두 죽인다고 한다.

이것은 신앙적으로도 마찬가지다. 포자를 형성하여 그 안에 숨어 있으면 안 된다. 은밀한 행실을 끄집어내어 하나님 앞에 가지고 나가 그 문제를 놓고 기도해야 한다. 우리가 하나님 앞에 나와 예배드리고 기도하는 시간은 영적인 저온 간헐살균의 시간인 줄 믿는다. 그때 내 안에 자리 잡고 있는, 삼손처럼 사람을 의식하여 사람들 눈에 보이는 부분에만 신경 쓰는 위선을 살균하는 우리가 되기를 바란다. 아무도 없으면 죽은 시체에서 꿀 떠먹으면서도 부끄러워하지 않던, 포자를 형성하고 숨어 있던 우리의 모든 죄악들이 하나님의 영적인 저온 간헐살균으로 말미암아 다 끄집어내지고 십자가 앞에서 멸균되는 축복이 일어나게 되기를 바란다.

들키는 것이
축복이다

둘째, 삼손과 같은 타락을 막기 위해서는 '들키는 것이 축복'이란 사실을 알아야 한다.

본문에 보면 삼손이 나실인으로서 해서는 안 되는 시체를 만지는 짓을 저지르지만, 들키지 않았다. 자기 부모도 감쪽같이 속였고 잘 넘어갔다. 삼손 입장에서는 다행한 일이다. 그러나 다행한 일처럼 보이던 이것이 사실은 삼손을 죽이는 화근이었다. 삼손이 왜 갈수록 점점 더 타락의 길로 치달았는가? 들키지 않았기 때문 아닌가?

사사기서에 삼손과 관련하여 제일 먼저 등장하는 첫 기록은 첫눈에 이방 여자의 외모에 반하는, 미숙함 가득한 여자 문제로 시작된다. 삼손이 나실인으로서 부끄럽게 여자 외모에 빠져서 원수 나라라 할 수 있는 블레셋 여자와 결혼까지 하는데, 그 과정에서 해서는 안 되는 짓들을 얼마나 많이 저지르는가? 삼손이 이처럼 반복해서 죄의 자리에 빠지게 된 치명적인 문제가 하나 있었다.

그게 무엇인가 하면, 삼손이 나실인으로서 부끄러운 짓을 해대는

데도 그가 가진 괴력이 사라지지 않고 여전히 괴력을 발휘할 수 있었던 것, 이것이 삼손을 망하게 한 결정적인 원인이었다.

간혹 금융권에서 일하는 직원이 돈을 횡령하다가 구속되었다는 기사가 뜨곤 하는데, 얼마 전에도 어린 여직원이 상상할 수 없는 큰돈을 횡령하다 구속된 사건이 있었다. 그 어린 여직원이 어떻게 그런 엄청난 짓을 저지를 수 있었는지 아는가?

처음부터 그런 엄청난 금액을 횡령할 생각으로 시작한 것이 아니다. 처음에 몇만 원을 횡령했는데 그 사실을 아무도 모르더라는 것이다. 그래서 그 다음에는 몇십만 원을, 또 그다음에는 몇백만 원을 횡령했는데 들키지 않았다. 이것이 반복되니 점점 더 대담해져서 결국은 상상할 수 없는 큰돈을 횡령하다 수갑을 차게 된 것이다.

이런 면에서 보면, 그 어린 여직원이 처음 몇만 원을 횡령하기 시작했을 때 들통나서 주변 동료들 앞에서 평생 지워지지 않을 수치스런 일을 당하는 것이 축복이 될 수 있는 것이다.

삼손도 마찬가지 아닌가? 삼손 입장에서 시체를 만져도 들키지 않고, 이방 여자에게 빠져서 부끄러운 자리에 빠졌어도 괴력이 하나도 사라지지 않는 그 일이 대단한 행운처럼 보였겠지만, 그것이 삼손을 망하게 하는 흉기가 되었음을 잊어서는 안 된다. 내가 왜 '들키는 것이 축복이다'라는 말을 하는지 짐작할 수 있지 않은가?

사사기 14장에서 이방 여자에게 첫눈에 반하고 시체를 만져도 들키지 않았던 것이 나중에 16장으로 가면 이렇게 악화된다.

삼손이 가사에 가서 거기서 한 기생을 보고 그에게로 들어갔더니

삿 16:1

우리말 성경에는 점잖게 '기생'이라고 표현되어 있는데, 영어 성경으로 보니 'prostitute'(창녀)이다. 그래서 새번역 성경은 "삼손이 가사에 가서, 창녀를 하나 만나 그의 집으로 들어갔다"라고 번역했다. 이것을 보면서 내 마음에 이런 생각이 들었다.

'차라리 앞의 14장에서 이방 여자의 외모에 빠져들어 하나님 앞에서는 안 되는 짓들을 할 때, 그 일을 통해 몸에 힘이 빠져나가고 다리가 하나 부러지거나 징계를 당해 죽을 고통을 당했더라면 좋았을 텐데. 그럼 이런 타락은 막을 수 있었을 텐데….'

1980년대에 굉장히 인기 있는 코미디언 중에 이주일 씨라고 있었다. 나와 비슷한 세대라면 모르는 사람이 없을 정도로 인기가 많았고 돈도 많이 벌었다. 그런데 이분에게 비극이 찾아왔다. 아들이 28살에 음주운전으로 사망한 것이다. 아버지로서 얼마나 절망적인 사건이었겠는가? 나는 그 즈음에 그 분이 토하듯이 했던 인터뷰를 잊지 못한다.

당시 이분은 엄청난 규모의 술집을 경영했는데, 그 주변에서 경찰들이 만날 음주 단속을 했다고 한다. 술집인데 주변에서 음주 단속을 하니 손님들이 얼마나 위축됐겠는가? 그래서 평소에 음주 단속을 하는 경찰들을 굉장히 원망했다고 한다. 그런데 자기 아들이 음

주운전으로 사망하고 나서 그가 절규하듯이 던진 한 마디가 "우리 아들이 죽던 그날, 그 많던 음주 단속 경찰들은 어디가서 무엇을 하고 있었느냐"는 것이었다.

그 기사를 보면서 내가 상상력을 동원하여 생각해보았다. 만약 그 아들이 술에 취해 운전하다가 경찰에 걸려 면허증을 뺏기고 감옥에 갔다면, 이런 생각을 하며 경찰을 원망했을 것이다.

'아, 오늘 진짜 재수 없네. 경찰한테 걸려서 이렇게 힘든 시간을 보내야 하다니.'

하지만 그랬다면 이주일 씨 아들은 그날 안 죽었을 것이다. 이것이 삼손에게서 발견하는 무서운 교훈이고 진리이다.

들키지 않으면 점점 더 대담해진다

이런 생각들을 하는데 불쑥 옥한흠 목사님의 말씀이 떠올랐다. 내가 2002년에 교회를 개척했는데, 중고등부 사역만 하다가 개척했던 터라 어리바리할 때였다. 그때는 목사님께서 매주 화요일 오후가 되면 전화를 주실 때가 많았다.

"네 설교 잘 듣고 있다."

목사님은 지적도 안 하시고 그냥 "네 설교 잘 듣고 있다"라고만 하셨지만, 그 말씀이 내게 큰 긴장감을 만들어주었다.

한번은 목사님이 오라고 하셔서 찾아뵈었는데, 그때 주셨던 말씀을 잊지 못한다. 목사님은 선배로서 또 스승으로서 이런저런 조언을 주시며 굉장히 준엄하게 말씀하셨다.

"이 목사, 설교 준비 안 했으면 강단에 서지 마라."

그러면서 하시는 말씀이, 설교 준비 안 하고 강단에 섰다가 설교를 완전히 죽 쑤고 성도들에게 망신당하면 좋은데, 희한하게도 하던 가락이 있어서 설교가 된단다. 이것이 화근이라는 것이다. 그래서 설교를 대충 준비하는 버릇이 들면 그게 망하는 길이라는 것이다. 그것이 반복되면 목회자를 죽이는 결과가 된다.

벌써 15년이 훌쩍 지났지만 아직도 목사님의 그 말씀이 잊히지 않는다. 나는 가끔씩 이런 생각을 한다.

'하나님, 제가 설교 준비 안 하고 섰을 때 버벅거리다가 망신당하게 해주시고, 사람들에게 톡톡히 창피당하게 해주시기를 원합니다.'

내가 고3 때 교회를 빼먹고 독서실에 간 적이 있다. 딱 한 번 그런 일이 있었다. 엄격한 고신교단에서 자란 나에게는 엄청난 결단(?)이었다. 그렇게 평생 처음으로 교회를 빼먹고 독서실에 갔는데, 불안한 마음 때문이었는지 독서실에 앉아 있어도 공부가 안 됐다. 잠만 자다 왔다. 그런데 문제가 뭔지 아는가? 그게 짜릿짜릿한 매력이 있더라는 것이다. 더군다나 그날 누구에게도 들키지 않았기에 가족들은 아직도 그 일을 아무도 모른다.

만약 그때 내가 독서실에 갔다 오다가 교통사고가 나서 다리라도 하나 부러지든지 독서실 책상 모서리에 부딪혀 어디 하나 멍이라도 들었더라면 나는 다시는 주일을 범하면 안 되겠다는 생각을 했을 것이다. 그런데 삼손이 그랬던 것처럼 나에게도 아무런 일이 일어나지 않았다. 누구에게도 들키지 않았다. 이게 더 무서운 일이다.

다행히 그날 이후로 주일에 교회 빼먹고 독서실 가는 못된 시도를 더 이상 하지 않았지만, 들키지 않을 때 사람이 점점 더 대담해질 수 있음을 충분히 느낄 수 있었던 사건이었다.

다시 말씀드린다. 하나님 앞에서 부끄러운 자리에 빠져 있는 사람이 있는가? 죄짓고 있는가? 모조리 다 들통나서 수치의 자리에 빠지는 복을 누리게 되기를 바란다. 바람을 피우는 것 같은 큰일부터 아주 사소해 보이는 거짓들까지 하나님 앞에서 조금이라도 부끄러운 것이 있다면 다 환히 드러나기를 바란다. 당장은 수치요 부끄러움일지 모르겠지만, 그것이 축복이다.

얼마 전에도 한 남자분이 찾아와서 가슴을 치며 닭똥 같은 눈물을 뚝뚝 흘리면서 망하게 된 자기 상황에 대해 하소연하셨다. 그러면서 하는 말이, 자기가 이 자리까지 오기 전에 이런 것들이 들통나서 밝히 드러났더라면 이렇게 돌이킬 수 없는 절망의 자리는 피할 수 있었다는 것이다.

망하기 전에 들키는 것이 축복이다. 혹시 지금 그런 수치를 당해 마음이 깊은 절망 가운데 있는 사람이 있는가? 잘 활용한다면 남은 인생에 그 수치스런 사건이 오히려 축복인 것을 믿기 바란다.

하나님과의 인격적인 관계를
회복해야 한다

셋째, 삼손과 같은 타락을 막기 위해서는 하나님과의 '인격적인 관계'를 회복해야 한다.

내가 생각하기에 삼손이 이런 타락의 길로 갔던 근본적인 이유가 있는데, 그것은 자기가 가진 괴력에 대한 잘못된 생각 때문이었다. 삼손이 가진 생각이 무엇이었는가? 그는 자기가 가진 괴력의 원천이 긴 머리카락에 있다고 생각했다.

삼손이 진심을 드러내어 그에게 이르되 내 머리 위에는 삭도를 대지 아니하였나니 이는 내가 모태에서부터 하나님의 나실인이 되었음이라 만일 내 머리가 밀리면 내 힘이 내게서 떠나고 나는 약해져서 다른 사람과 같으리라 하니라 삿 16:17

이처럼 괴력의 원천이 자신의 머리카락에 있다고 생각하던 삼손의 생각은 절대 옳은 생각이 아니다. 19절을 보자.

들릴라가 삼손에게 자기 무릎을 베고 자게 하고 사람을 불러 그의 머리털 일곱 가닥을 밀고 괴롭게 하여 본즉 그의 힘이 없어졌더라

삿 16:19

끝내 그의 괴력이 없어졌다. 그런데 성경은 그 이유를 바로 다음 20절에서 이렇게 말한다.

들릴라가 이르되 삼손이여 블레셋 사람이 당신에게 들이닥쳤느니라 하니 삼손이 잠을 깨며 이르기를 내가 전과 같이 나가서 몸을 떨치리라 하였으나 여호와께서 이미 자기를 떠나신 줄을 깨닫지 못하였더라 삿 16:20

삼손이 머리카락이 잘려서 힘을 잃은 게 아니라, 여호와께서 그를 떠났기 때문에 괴력이 사라졌음을 성경은 명시하고 있는 것이다.
사실 성경은 이 사실을 여러 차례 강조하고 있다.

삼손이 그의 부모와 함께 딤나에 내려가 딤나의 포도원에 이른즉 젊은 사자가 그를 보고 소리 지르는지라 여호와의 영이 삼손에게 강하게 임하니 그가 손에 아무것도 없이 그 사자를 염소 새끼를 찢는 것 같이 찢었으나… 삿 14:5,6

여기서 보면 삼손이 젊은 사자를 죽이는 과정에서 괴력을 발휘하였는데, 거기에 의도적으로 기록해 넣은 게 "여호와의 영이 삼손에게 강하게 임하니"라는 표현이다. 또 다른 부분들을 보자.

여호와의 영이 삼손에게 갑자기 임하시매 삼손이 아스글론에 내려가서 그곳 사람 삼십 명을 쳐죽이고 노략하여 수수께끼 푼 자들에게 옷을 주고 심히 노하여 그의 아버지의 집으로 올라갔고 삿 14:19

삼손이 레히에 이르매 블레셋 사람들이 그에게로 마주 나가며 소리지를 때 여호와의 영이 삼손에게 갑자기 임하시매 그의 팔 위의 밧줄이 불탄 삼과 같이 그의 결박되었던 손에서 떨어진지라 삿 15:14

지금 계속해서 반복하는 게 무엇인가? 삼손이 그런 괴력을 발휘할 때마다 성경이 의도적으로 "여호와의 영이 삼손에게 임하시매"를 반복해서 강조하는 이유가 무엇인가? 삼손이 생각했던 것처럼 그가 머리카락을 자르지 않았기 때문에 그의 괴력이 사라지지 않았던 것이 아니다. 성경은 계속해서 그가 가진 괴력의 근원이 하나님께 있음을 강조하는데, 삼손은 그런 내면적인 문제보다는 겉으로 보이는 긴 머리카락에서만 원인을 찾고 있었다.

오늘날 우리가 신앙생활을 하면서 삼손과 같은 어리석음을 범할 때가 얼마나 많은가? 이런 점에서 보면 힘의 원천이 되시는 하나님과의 인격적인 관계 회복이 모든 문제의 근원적인 해결 방법이다.

가을 특새 때 우리 교회 성도들에게 이런 문구가 적힌 카드를 나누어주었다.

'세상 앞에서는 작은 자였지만, 하나님 앞에서는 영적 거인이었던

마노아. 겉보기에는 거인이었지만, 하나님 앞에서는 초라한 인생이었던 삼손.'

이 둘을 이토록 극명하게 가른 기준은 딱 하나이다. '하나님과의 관계', 바로 이것 때문에 이토록 큰 차이가 벌어지는 것이다.

하나님과의 관계가 회복되면 세상에서는 비록 작은 자로 치부 당할지 모르지만 하나님 앞에서는 큰 자가 되는 것이고, 하나님과의 관계가 회복되지 않으면 삼손처럼 괴력을 발휘하지만 결국 두 눈 뽑히고 비참하게 인생이 끝나는 자로 전락하고 마는 것이다.

그러므로 눈에 보이는 머리카락을 지키려고 애쓰지 말고 내 안에 임하신 하나님과의 인격적인 관계를 회복하기 위해 애써야 한다.

따뜻한 밥
지어 먹이고 싶은 마음

언젠가 요한계시록의 이 말씀이 내게 너무나 큰 애절함으로 다가왔다.

볼지어다 내가 문밖에 서서 두드리노니 누구든지 내 음성을 듣고 문을 열면 내가 그에게로 들어가 그와 더불어 먹고 그는 나와 더불어 먹으리라 계 3:20

교회를 개척한 이후로 내가 일관되게 견지하는 것이 몇 가지 있는데, 그중에 하나는 매년 가을에 드려지는 특별새벽부흥회에 외부 강사를 모시지 않고 내가 직접 말씀을 전하는 일이다. 이것은 60일 동안 진행되던 특새 첫 해부터 계속되는 고집이다.

때로 매일매일 진행되는 새벽부흥회 설교 준비가 버거워서 괴로울 때도 많았고, 특히 주일날에는 이미 체력이 다 소진된 상태여서 월요일 새벽 설교 준비가 고통스러울 때도 있었다. 그럴 때면 '내가 왜 외부 강사를 초빙하지 않고 이 고생일까' 하는 후회를 하곤 한다.

하지만 그럼에도 내가 외부 강사를 쓰지 않는 이유가 있다. 그 시간이 나에게는 성도들과 소통하는 시간이기 때문이다. 외부 강사를 초청하면 더 좋은 말씀을 더 좋은 컨디션으로 성도들과 나눌 수 있을지 모르지만, 나는 우리 성도에게 내가 밥 지어서 대접하고 싶다.

시카고에 계시는 어머니를 찾아뵈면 구십이 넘으신 어머니가 언제부턴가 꼭 이런 말씀을 하신다.

"이제 내가 늙어서 너 밥 한 끼도 못 해준다."

이 말씀이 너무 슬프게 들린다. 밥 한 끼 못 해준다는 그 어머니의 마음이 느껴져서 마음이 아프다.

이런 마음으로 하나님이 허락하실 때 최선을 다해 내 손으로 밥 지어 우리 성도들에게 대접하고 싶은 것이다. 그런 마음이 가득한 중에 이 말씀을 보다 보니 "볼지어다 내가 문밖에 서서 두드리노니"라는 구절이 눈에 확 들어왔다. 강제로 우리 마음을 열고 들어오실

수 있는 분이지만, 우리를 인격적으로 대우해주셔서 우리가 열어줄 때까지 문밖에서 "나는 너와 교제하고 싶은데"라고 하시며 문 두드리시는 주님의 마음이 너무 애절하게 느껴졌다. 하나님이 삼손에게 내내 원하셨던 게 바로 이것 아니었을까?

'머리카락 잘리지 않으려고 애쓰지 말고 나와 교제하자.'

일개 담임목사도 내 손으로 밥 지어 성도들과 교제하고 싶은 마음으로 가득한데, 나를 구원하신 우리 주님이 우리와 교제하고 싶은 마음은 얼마나 크시겠는가? 우리가 하나님의 마음을 헤아려드리면 좋겠다.

삼손이 어떻게 하면 머리카락이 잘리지 않을까, 어떻게 하면 내 힘을 지킬까 전전긍긍했던 것처럼 우리도 신앙생활을 할수록 자신도 모르게 주일날 해야 할 것, 하지 말아야 할 것 따져가며 노심초사하게 된다. 그러나 어떻게 하면 죄짓지 않을까, 어떻게 하면 타락하지 않을까 따지고 기록하는 게 중요한 게 아니다. 우리가 하나님 앞에 갈망하는 마음으로 나아가기를 바란다.

하나님이여 주는 나의 하나님이시라 내가 간절히 주를 찾되 물이 없어 마르고 황폐한 땅에서 내 영혼이 주를 갈망하며 내 육체가 주를 앙모하나이다 시 63:1

다윗의 고백처럼 하나님을 갈망하는 마음, '내 영혼이 주를 갈망하며 내 육체가 주를 앙모하나이다'라는 마음으로 나아가기를 원한다. 그래서 '나는 너와 교제하고 싶다' 말씀하시는 하나님의 마음을 헤아려드리는 우리 모두가 되기를 간절히 축복한다. 이것이 우리의 타락을 막는 원동력이 될 줄 믿는다.

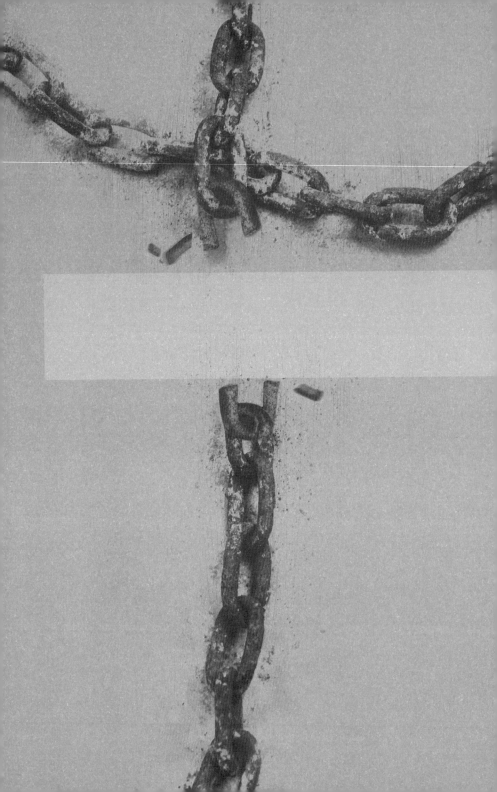

Part 2

다시, 하나님을 의지하라

삼손이 레히에 이르매 블레셋 사람들이 그에게로 마주 나가며 소리 지를 때 여호와의 영이 삼손에게 갑자기 임하시매 그의 팔 위의 밧줄이 불탄 삼과 같이 그의 결박되었던 손에서 떨어진지라 삼손이 나귀의 새 턱뼈를 보고 손을 내밀어 집어 들고 그것으로 천 명을 죽이고 이르되 나귀의 턱뼈로 한 더미, 두 더미를 쌓았음이여 나귀의 턱뼈로 내가 천 명을 죽였도다 하니라 그가 말을 마치고 턱뼈를 자기 손에서 내던지고 그곳을 라맛 레히라 이름하였더라 삼손이 심히 목이 말라 여호와께 부르짖어 이르되 주께서 종의 손을 통하여 이 큰 구원을 베푸셨사오나 내가 이제 목말라 죽어서 할례 받지 못한 자들의 손에 떨어지겠나이다 하니 하나님이 레히에서 한 우묵한 곳을 터뜨리시니 거기서 물이 솟아나오는지라 삼손이 그것을 마시고 정신이 회복되어 소생하니 그러므로 그 샘 이름을 엔학고레라 불렀으며 그 샘이 오늘까지 레히에 있더라 블레셋 사람의 때에 삼손이 이스라엘의 사사로 이십 년 동안 지냈더라

chapter 5

하나님의 임재를 갈망하라

삼손에 대한 설교를 준비하기 위해 말씀을 묵상하고 이런저런 자료를 참고하며 정리하다가 새삼스럽게 발견한 게 두 가지 있다. 하나는 삼손 인생의 최대 축복은 그의 삶에는 늘 하나님의 함께하심이 있었다는 것이다. 그런가 하면 동전의 양면처럼 삼손 인생의 최대 비극은 불행하게도 그는 그 사실을 전혀 인식하지 못하는 삶을 살았다는 것이다. 삼손의 삶이 이 두 가지로 요약되었다.

이번 장에서는 그 부분을 살펴보려고 한다. 먼저 삼손과 관련한 첫 번째 사항에 대해 살펴보자.

삼손 인생의 최대 축복, 하나님의 함께하심

삼손 인생의 최대 축복은 그의 삶에는 늘 하나님의 함께하심이 있었다는 것이다. 이미 여러 차례 살펴본 내용이다.

그 여인이 아들을 낳으매 그의 이름을 삼손이라 하니라 그 아이가 자라매 여호와께서 그에게 복을 주시더니 소라와 에스다올 사이 마하네단에서 여호와의 영이 그를 움직이기 시작하셨더라 삿 13:24,25

이 말씀에서 보는 것처럼 하나님께서는 삼손이 태어날 때부터, 아니 태어나기 이전부터 그의 인생에 개입하고 계셨다.

그런가 하면 사사기 14장 1-3절에는 블레셋 여자의 외모에 반해서 결혼시켜 달라고 떼를 쓰는 철없는 삼손의 모습이 나오는데, 생뚱맞게 4절에서는 이런 구절이 나온다.

그때에 블레셋 사람이 이스라엘을 다스린 까닭에 삼손이 틈을 타서 블레셋 사람을 치려 함이었으나 그의 부모는 이 일이 여호와께로부터 나온 것인 줄은 알지 못하였더라 삿 14:4

여기서 중요한 부분은 '삼손이 틈을 타서'라는 부분인데, 이 부분을 원문으로 정확하게 직역하자면 '그가 이 틈을 타서'이다. 그리고 대부분의 학자들은 여기 나오는 '그'가 한글 성경에 번역된 것처럼 삼손이 아니라 '여호와 하나님'이라고 분석한다. 그래서 영어 NIV 성경에 보면 'this was from the LORD'라고 되어 있다.

그러니까 지금 이게 무슨 상황인가? 1절부터 3절까지 보면 삼손이 철딱서니 없이 원수 나라인 블레셋 여자의 얼굴에 반해서는 그 여자와 결혼하겠다고 떼를 쓰고 있다. 그런데 그 이면에서는 무슨 일이 벌어지고 있는가? 하나님이 틈을 보고 계신 것이다. 철없는 삼손의 행동 속에 하나님이 틈을 타서서 이것을 오히려 반전의 기회로 삼아 이스라엘 민족을 그토록 괴롭히는 블레셋을 누찌르기 위한 도구로 보고 계시다는 것이다.

하나님의 이러한 일하심이 내게 얼마나 큰 감동이 되는지 모른다. 왜냐하면 지난 나의 삶을 꽉 채운 게 바로 이런 하나님의 '틈을 타심'이었기 때문이다. 교회를 개척할 당시에 나는 나이도 어렸을 뿐 아니라 목회 경험도 없었기에 어린아이처럼 미숙했다. 성도들이 '우리 담임목사는 왜 이리 미숙하고 철이 없는지 모르겠다'라고 불평해도 할 말이 없었을 것이다. 그런데 성도들은 오히려 이런 미숙한 나의 모습을 보며 "우리 목사님은 순수해"라고 좋게 해석해주었다. 이런 일이 가능했던 것은, 약하고 철없는 연약한 내 모습에 '하나님의 틈을 타심'이 있었기에 가능했다고 믿는다.

본문의 삼손도 마찬가지다. 사사기 15장 15절 말씀을 보자.

삼손이 나귀의 새 턱뼈를 보고 손을 내밀어 집어들고 그것으로 천 명을 죽이고 삿 15:15

이 구절과 관련한 어느 자료에서 보니, 나귀의 턱뼈는 대략 25센티미터에 무게가 약 400그램밖에 안 된다고 한다. 생각해보라. 나귀 턱뼈가 크면 얼마나 크겠는가? 더군다나 나귀는 초식동물이니 그 뼈가 무기로 사용할 만큼 강하지도 않다고 한다. 그런데 삼손이 그 연약한 나귀의 턱뼈를 들고 싸움에 나간 것이다. 나귀의 턱뼈는 도저히 천 명을 죽일 수 있는 무기가 아니었다.

그렇다면 이것은 무엇을 의미하는가? 여기 나오는 나귀 턱뼈는 그 자체가 강한 무기가 아니라 하나님의 능력을 보여주기 위한 특별한 하나님의 도구라는 것이다. 즉, 삼손이 강력하거나 무기가 강력해서 이긴 것이 아니라 하나님이 개입하셨기 때문에 이길 수 있었고, 그 상징적인 도구가 바로 나귀의 턱뼈라는 것이다.

골리앗을 무찔렀던 다윗의 물맷돌도 마찬가지 아닌가? 아직 어린 다윗이 괴물 같은 거인 골리앗과 싸우러 나가는데, 돌멩이 몇 개 집어 들고 나가는 것은 누가 봐도 적절한 선택이 아니었다. 그러나 다윗은 그 연약한 돌멩이 몇 개로 거인 골리앗을 쓰러뜨렸다. 다윗이 물맷돌로 골리앗을 이길 수 있었던 힘은 다윗이 도전장을 던지며 "나는 만군의 하나님 여호와의 이름으로 나아간다"라고 선포했던 것처럼 여호와 하나님께 있었으며, 그 상징적인 도구가 물맷돌이었던 것이다.

코흘리개 꼬맹이가 장난치는 것도 아니고 골리앗 입장에서는 돌멩이 몇 개 들고 나오는 모습이 얼마나 우스웠겠는가? 그런데 그 물맷돌 속에 하나님의 함께하심이 개입하자 골리앗을 때려눕히는 기가 막힌 도구가 되었던 것이다.

내 삶을 이끈
하나님의 개입하심

이 말씀을 준비하면서 삼손의 삶 속에 하나님이 어떤 순간에 함께하시고 개입하셨는지를 점검해보고 싶어서 사사기 13장부터 16장까지 말씀을 프린트해서 책상에 앉았다. 빨간 펜을 들고 성경 말씀을 읽으며 하나님이 개입하시는 부분에 줄을 그어가며 정리하는데, 가슴이 너무나 뜨거워지는 것을 경험했다.

삼손 인생의 고비 고비마다, 순간순간마다 하나님이 함께하시고 개입하시는 모습이, 나귀 턱뼈를 가지고 천 명을 죽이는 장면이나 철딱서니 없이 이방 여자에게 빠져서 헬렐레 하는 그 순간조차도 하나님이 그 틈을 비집고 개입하시는 모습이 내게 큰 감동이 되었다.

이것은 골리앗을 물리칠 때의 다윗도 마찬가지 아닌가? 다윗은 자기가 양을 치는 데 물맷돌이 편하니 그렇게 물맷돌 던지는 연습을 했던 것이지, 자기 인생의 어떤 큰 그림을 그리며 '내가 언젠가 반드시 나라를 구할 거야' 하면서 물맷돌 던지는 연습을 했던 게 아니다. 갑작스럽게 공격하는 맹수들을 상대하기 위해 손쉽게 던질 수 있는 물맷돌을 집어 든 것이다. 그런데 하나님은 그 틈을 비집고 들어가셔서 다윗의 생업이었던 양 치는 일에 사용했던 도구를 나라를 지키는 도구로 선용하셨다.

이처럼 '틈을 타서' 일하시는 하나님의 모습을 살펴보는 것이 내게 큰 감동이 되었던 것은, 삼손이나 다윗의 삶에 개입하신 하나님께서 내 삶에도 똑같은 방식으로 일하고 계심을 믿기 때문이다.

이 사실을 깨달을 때 우리 삶에 큰 변화가 일어난다. 혹시 자신의 연약함 때문에 실패의 아픔을 겪고 있는가? '틈을 타서' 일하시는 하나님의 은혜를 구해야 한다. 연약한 우리 모습 사이를 비집고 들어가서 역전의 기회를 만들어주시는 분이 내 하나님이심을 기억하자.

내 인생에
통전적으로 역사하신 하나님

아마도 내가 38세쯤 되었을 때였던 것 같다. 어느 날 옥한흠 목사님이 갑자기 부르시더니 이렇게 말씀하셨다.

"이 목사, 이제 중고등부 내려놓고 장년 교구로 와라."

아마도 사십 살 가까이 될 때까지 중고등부 아이들만 상대하는 내가 안쓰러우셨던 것 같다. 이런 마음으로 청소년 사역을 내려놓고 장년 사역으로 옮기라고 권하시는 목사님이 참 고마웠다. 더군다나 그날 말씀하시기를, 교구 사역으로 옮겨서 3,4년 정도 어른 목회를 익히고 나면 개척을 할 수 있게 도와주신다는 것이다. 너무너무 고마운 말씀이었다. 사실 개척을 도와주시겠다는 것도 고마운 말씀이지만, 그때 당시 내 솔직한 심정으로는 '이제 저 말썽꾸러기 애들을 떠날 수 있다니, 해방이다!' 하는 생각에 더 기뻤던 것 같다. 그런데 이상하게도 그 속내와는 다르게 내 입에서는 이런 말이 툭 튀어나왔다.

"목사님, 하나님은 제 인생에 통전적으로 개입하고 역사하시는 분인 줄 믿습니다. 그래서 제가 중고등부 사역만 열심히 하느라 어른 목회 경험이 전혀 없는 채로 개척을 한다 해도 하나님께서는 어른 목회를 경험한 것 이상으로 손색없이 사역할 수 있도록 역사하실 줄 믿습니다. 그래서 목사님, 부탁이 있는데 제가 이 교회에서 중고등부 사역하다가 떠날 수 있게 해주세요."

그렇게 목사님께 툭 하고 말씀드렸던 그날을 잊지 못한다. 목사님은 생각에 잠기면 팔짱을 끼는 버릇이 있으셨는데, 그날 팔짱을 끼고 창문을 한참 응시하시다가 딱 한 마디 하셨다.

"너, 참 고집 세다. 그렇게 하도록 해라."

그래서 진짜로 10년 동안 중고등부 사역만 하다가 어른 목회 경험 전혀 없이 분당에다 교회를 개척했다. 삼손의 삶에 개입하신 하나님을 묵상하면서 내 삶을 돌아보는데, 새삼스럽게 이 일이 떠오르면서 너무너무 가슴이 뜨거워졌다. 왜 그랬는지 아는가?

사실 그날 내가 옥 목사님께 "하나님은 통전적으로 일하시는 분이기 때문"이라고 고백했던 것은 내 이론적인 신앙고백이었다. 그런데 내 삶 속에 개입하신 하나님이 지난 16년 동안 옥 목사님께 드렸던 그 신앙고백을 얼마나 풍성하게 이루셨는지 아마도 나를 지켜본 모든 분들이 다 알 것이다.

어른 목회 경험이라곤 전혀 없던 내가 너무나 풍성한 하나님의 은혜를 받았다. 행정이 뭔지 몰라 어리바리한 내게 행정에 능통한 후배 목사를 연결해주셔서 그 후배 목사가 개척 초기에 기본 뼈대를 다 세워주도록 도우셨다. 주일학교를 위해서는 그 분야에서 최고의 열정을 가진 목회자들을 연결시켜주셨고, 대학 청년부를 위해서는 또 그 분야에 가장 열정이 넘치는 목회자를 세워주셨다.

이렇게 교회에 필요한 후배 동역자들을 한 사람, 또 한 사람 연결해주셔서 지금의 교회가 가능하게 도와주셨다. 지금 함께하는 후배 목회자 모두가 내 약점을 보완해주는, 내게 너무나 소중한 믿음의 동역자들이다. 그들 덕분에 이렇게 풍성한 목회를 할 수 있다는 게 너무나 감사하다. 이 모든 것이 내 삶을 이끈 하나님의 개입하심이고, 내 인생에 통전적으로 역사하신 하나님의 은혜가 아니고 무엇이었겠는가?

이뿐이 아니다. 내가 청소년 사역을 하면서 고군분투했던 것들이 다 분당우리교회 개척 후에 쓰임 받기 위해 준비되고 예비된 것들이었음을 어찌 알았겠는가? 예를 들어, 지금 내가 설교할 때 설교를 하고 설교에 맞는 찬양을 한두 곡 하고 그 후에 그 설교와 찬양을 아울러 통성기도를 하며 예배를 마무리하고 있는데, 이렇게 설교하는 패턴도 청소년 사역을 할 때 고심하고 고심하다가 정착된 것이다. 천방지축으로 말도 안 듣고 집중도 안 하는 청소년들을 집중시키려고 설교 후에 설교 내용을 요약하는 찬양으로 아이들을 다시 한번 촉구하고, 그런 후에 기도하면서 아이들에게 예배자가 되기를 당부하며 결단시키던 그 방식이 개척 이후에 어른 목회에도 그대로 접목될 줄은 몰랐다.

이런 식으로 내 삶에 개입하셔서 통전적으로 일하시는 하나님에 대한 간증을 나누자면 그 사례를 끝없이 들 수 있다. 다시 한번 강조한다. 내 인생에 개입해주시어 내가 약해서 실수하고 실패하며 쓰라려 했던 그 모든 것을 재료로 사용하셔서 그 틈을 비집고 들어와 우리를 합력하여 선을 이루는 은혜의 자리로 인도해주시는 분이 우리가 주인으로 모시는 우리 하나님이시다.

삼손 인생의 최대 비극, 하나님의 임재를 인식하지 못함

그런가 하면 삼손의 최대 비극이 무엇인가? 삼손 인생의 최대 비극은 날 때부터 자기와 함께하시는 하나님의 은혜가 그의 인생의 최대 축복인데, 그 사실을 인식하지 못했다는 것이다.

이번 장의 제목을 '하나님의 임재를 갈망하라'라고 잡았다. '임재'란 단어를 풀어서 설명하자면 '하나님이 나와 함께하심을 인식하고 경험하는 것'을 말한다. 즉 하나님이 나와 함께하심을 인식하며 살아가는 것을 '하나님의 임재를 경험한다'라고 이야기할 수 있다. 삼손의 최대 비극은 바로 하나님의 임재를 인식하지 못했다는 것이다.

하나님이 함께하심을 인식하지 못하니 기쁘지 않은 것이다. 앞에서 고백한 것처럼 내가 내 인생에 개입하신 하나님의 임재를 인식하자마자 가슴이 터질 것 같은 감격의 기쁨이 용솟음쳐 올랐다면, 삼손에게는 이 기쁨이 없었던 것이다.

우리는 어떤가? 우리 삶 속에 개입하시는 하나님의 임재를 인식하고 있는가? 현실적으로는 절망적이고 고통의 눈물이 뚝뚝 떨어지는 상황이지만, 영적으로는 그 틈을 비집고 개입하시는 하나님으로 인해 마음에 위로가 넘치고 치유와 회복이 일어나는 것을 지금 경험하고 있는가?

시편 105편에 보면 이런 말씀이 나온다.

여호와와 그의 능력을 구할지어다 그의 얼굴을 항상 구할지어다

시 105:4

여기에 보면 시편 기자가 두 가지를 구하는데, 첫 번째가 "그의 능력을 구할지어다", 그리고 두 번째로 바로 이어서 "그의 얼굴을 구할지어다"라고 되어 있다. 이것이 무슨 뜻일까?

히브리식 표현으로 '하나님의 얼굴'을 구한다는 것은 '하나님의 임재'를 구한다는 뜻이다. 하나님의 능력을 구한 후에는, 즉 하나님이 주시는 하나님의 손에 드신 떡을 구한 후에는 하나님의 얼굴을

구하라는 것이다. 그 하나님의 임재를 같이 구해야 하는데, 우리는 '이것도 응답해주시고 저것도 응답해주세요' 하면서 하나님의 능력만 구한다. 혹시 우리는 떡만 얻으면, 그 떡을 누가 주셨는지는 별로 중요하지 않은 그런 신앙생활을 영위하고 있지는 않은가?

우리 손에 무엇이 들렸는지도 중요하지만, 그것을 누가 주셨는지를 알고 그분께 집중하는 것이 성숙한 신앙인의 자세이다. 이것이 그의 능력을 구하고 그다음에는 그의 얼굴을 구하라는 말씀의 뜻이다.

삼손은 하나님이 주신 능력을 자기 마음대로 활용하는 데만 관심이 있었지 그 능력을 주신 원천인 하나님의 임재, 그 하나님의 얼굴을 구하는 데는 실패했다. 그래서 풍성한 은혜를 누리면서도 별로 행복하지 않은 인생을 산 것 아닌가? 우리는 삼손과 비슷한 패턴의 삶을 사는 것을 회개해야 한다.

형들에 의해 애굽에 노예로 팔려갔던 요셉이 형들을 다시 만난 후에 했던 고백이다.

당신들이 나를 이곳에 팔았다고 해서 근심하지 마소서 한탄하지 마소서 하나님이 생명을 구원하시려고 나를 당신들보다 먼저 보내셨나이다 … 그런즉 나를 이리로 보낸 이는 당신들이 아니요 하나님이시라 하나님이 나를 바로에게 아버지로 삼으시고 그 온 집의 주로 삼으시며 애굽 온 땅의 통치자로 삼으셨나이다 창 45:5,8

이렇게 고백하는 요셉의 내면 깊은 곳에서 용솟음치는 기쁨이 느껴지는가? 요셉은 자기 인생을 망가뜨린 인생 최대의 원수, 그의 배다른 형제들을 향하여 오히려 하나님의 임재를 고백하며 넉넉하게 용서를 선포했다.

"형들이 나를 망하게 하려고 이곳에 팔아버렸지만 하나님은 내 인생 최대의 위기 순간에 '그 틈을 비집고 들어오셔서' 오늘 이런 결과를 가져오게 하셨습니다. 그러니 나는 형들에게 원한 맺힌 게 하나도 없습니다."

요셉이 이렇게 고백할 때 용서받은 그 형제들도 기뻤겠지만, 그렇게 말할 수 있었던 요셉은 또 얼마나 행복했겠는가? 그런데 우리는 이것이 왜 안 되는 것인가? 하나님의 임재를 경험해본 자만이 이런 고백을 할 수 있다. 이런 면에서 우리는 요셉처럼 내 삶의 주체자 되시는 하나님께서 늘 나와 함께하신다는 확신을 가지고 살아야 한다. 삼손처럼 태어나기 이전부터 하나님이 함께하셨음에도 불구하고 그 하나님의 임재를 전혀 인식하지 못하고 사는 어리석은 자가 되지 않도록 은혜를 구하자.

고난이 가져다주는 유익

이처럼 삼손이 가진 치명적인 문제점은 평생 하나님이 함께하셨음에도 그 사실을 전혀 인식하지 못하고 살았던 데서 찾을 수 있는데,

이런 측면에서 본문 사사기 15장 14-20절의 말씀이 의미가 있다.

벌써 여러 차례 언급했듯이, 삼손은 이방 여자 블레셋 여인의 외모에 반해 그 여자와 결혼을 했고 또 그 과정에서 여러 우여곡절을 겪는다. 그러다 본문에서는 동족 유다 사람들 손에 붙잡혀 블레셋 사람들에게 넘겨지게 된다. 그 절체절명의 위기와 고난의 순간에 하나님의 영이 임하여 앞에서 살펴본 것처럼 나귀의 턱뼈로 블레셋 사람 천 명을 죽이는 괴력을 발휘한다. 그리고 나서 삼손이 하나님께 기도하는 18,19절을 보자.

삼손이 심히 목이 말라 여호와께 부르짖어 이르되 주께서 종의 손을 통하여 이 큰 구원을 베푸셨사오나 내가 이제 목말라 죽어서 할례 받지 못한 자들의 손에 떨어지겠나이다 하니 하나님이 레히에서 한 우묵한 곳을 터뜨리시니 거기서 물이 솟아나오는지라 삼손이 그것을 마시고 정신이 회복되어 소생하니 그러므로 그 샘 이름을 엔학고레라 불렀으며 그 샘이 오늘까지 레히에 있더라 삿 15:18,19

여기에서 발견할 수 있는 중요한 포인트가 있다. 그것은 삼손이 고난을 겪음으로 두 가지 유익이 있었다는 것이다.

첫째로 삼손은 고난을 통해 하나님의 임재를 경험한다.

앞에서 나는 삼손이 하나님께 기도하는 첫 장면이 이 장면이라고 했었다.

삼손이 심히 목이 말라 여호와께 부르짖어 이르되 삿 15:18

하나님은 이미 오래전부터, 삼손이 태어나는 그 순간부터 그와 함께하시고 그의 삶에 개입하셨다. 그러나 영적으로 어두운 삼손은 그 사실을 전혀 인식하지 못하다가 본문에서 보는 것처럼 목이 말라 죽을 것 같은 고통에 빠졌을 때 그 고통을 통해 하나님의 임재를 깨닫고 처음으로 하나님께 부르짖게 되었다. 이처럼 고난은 우리로 하여금 하나님의 임재를 경험케 하고, 한 걸음 더 나아가서 그 함께하시는 하나님께 부르짖게 만드는 도구가 된다.

둘째로 삼손은 고난을 통해 드디어 자기가 '하나님의 종'이라는 신분의식을 자각하게 된다.

삼손이 심히 목이 말라 여호와께 부르짖어 이르되 주께서 종의 손을 통하여 이 큰 구원을 베푸셨사오나 삿 15:18

목말라 죽을 것 같은 고난 속에서 삼손은 처음으로 '주의 종'이라는 자기 정체성을 드러내고 있다.

나는 이 구절을 묵상하면서 참 많은 생각을 했다. 그리고 마음의 탄식이 절로 나왔다. 한국교회에 크리스천이 이렇게 많은데, 한국교회에 목사, 전도사가 이렇게 많은데 왜 실제적으로 삶 속에서 하나님의 임재하심을 경험하고 누리며 사는 사람은 이토록 적은 것일까? 교회는 열심히 왔다 갔다 하는데, 그리고 교회에서 수많은 성도들과 만나고 교제도 나누는데, 진짜 교회에 와야 하는 이유인 살아계신 하나님과의 교제는 왜 이루어지지 않는 것일까?

차라리
고난을 구합니다

솔직히 우리가 다 삼손과 같은 모양 아닌가? 태어나 보니 아버지가 목사고, 장로고, 권사님이다. 모태신앙이어서 습관적으로 교회에 다니고 문화적으로 교회 생활을 누렸다. 하지만 우리도 삼손처럼 어릴 때부터 하나님이 개입하시는 삶, 하나님이 함께하시는 삶, 내 실수와 아픔을 통해 그 틈을 비집고 들어오셔서 하나님이 역사하시는 것을 느끼지 못하고 사는 것은 아닌가? 그것을 느끼지 못한 채로 신앙생활을 하니 우리 믿음이 이렇게 무기력한 것 아닌가? 그것을 느끼지 못한 채로 목회를 하니 목회가 이렇게 무력한 것 아닌가?

얼마 전에 우리 교회 교역자 한 분이 내게 이런 이야기를 했다.

"목사님의 예전 설교를 들어보니 지금보다 내용이 세련된 것은 아니지만 지금과는 또 다른 역동성이 느껴지네요."

이 얘기를 듣고 반성이 됐다. 사실 나는 내 초창기 설교가 많이 부실하다고 생각했다. 그때는 설교 시간도 지금보다 짧았다. 얘기할 거리가 없어서 그보다 더 시간을 낼 수도 없었다. 내용도 깊이가 없었다. 청소년 사역만 하다 보니 그랬다.

그처럼 개척 이후의 초창기 설교는 부족한 것이 많았지만, 그때는 부족한 것이 많음을 알았기에 더욱 성령님의 은혜를 사모하고 갈망하는 마음이 컸던 것 같다. 내가 반성하는 것은, 목회 관록이 붙은 요즘 내게 초창기 시절의 애절함과 갈망하는 마음이 많이 약해지지 않았나 하는 것이다.

당신은 어떤가? 그렇게 오래 예수님을 믿어왔으면서도 삶 속에서 나와 함께하시는 하나님의 임재를 느끼지 못한 채 신앙생활 하고 있지는 않은가? 삶 속에서 하나님의 임재가 잘 느껴지지 않고 무늬만 크리스천인 것같이 느껴진다면, 그리고 위기 속에 개입하시는 하나님의 일하심이 어떤 건지 한 번도 경험하지 못했다면 차라리 고난을 구하라. 고난 피해 다니느라 고난 속에 임하시는 하나님의 임재를 맛보지 못한다면 차라리 고난을 구하란 말이다.

왜 그래야 하는가? 삼손을 보면 알겠지 않은가? 목이 말라 죽을 것 같을 때, 외부의 적 천 명은 죽일 수 있었지만 자기 내부의 목마름은 해결할 수 없는 인생의 비참함을 깨달을 때, 그때 비로소 하나님께 부르짖고 하나님의 임재를 경험할 수 있었기 때문이다.

우리 성도들에겐 너무 죄송하지만, 내가 마음으로 정말 사모하며 기도한 것이 있다.

'하나님, 우리에게 필요하다면 기꺼이, 기꺼이 고난을 주시옵소서. 설교라는 게 만날 고난 피하는 법이나 광야 피하는 법만 가르치려다 보니 너무나 매끈매끈한 목회가 이루어지고 있을지는 몰라도 고난을 통과하지 못한 자들이 삼손처럼 하나님의 임재가 뭔지도 모른 채 교회만 왔다 갔다 하는 것 같습니다. 너무 냉랭하게 신앙생활 하는 우리에게 하나님, 필요하다면 고난을 허락하여주시기 원합니다.'

오죽하면 이런 기도가 흘러나왔을까? 목회자들도 마찬가지다. 고난을 통과하지 않고 목회하기 때문에 목회에 힘이 없다. 너무 유약하다. 내가 볼 때 목회자들 중에 악한 사람은 많지 않다. 그러나 약하디 약한 목회자들이 많은 것이 현실이다. 그리고 그 약한 목사들이 목회를 하니 너무 약한 성도들이 양산되고 있다. 이것이 오늘날 한국교회의 비극이다. 그러므로 우리가 삼손처럼 타는 목마름이라는 고난으로 인해 하나님께 부르짖고 또한 이로써 하나님의 임재를 경험할 수 있다면 우리에게도 고난을 달라고 구해야 한다는 것이다.

고난이 유익 될 수 있기를 구합니다

그런가 하면, 내 마음에 불타오르듯 떠오른 또 다른 소원이 있었다. 우리 가운데는 이미 고난 중에 있는 이들이 있다. 우리 성도들 중에도 많은 분들이 너무나 힘들고 숨이 막히는 고난 중에 고통 받고 계신다. 그런 분들이 떠오르면서 타는 마음으로 이런 고백을 올려드렸다.

'하나님, 우리 가운데 지금 고난 중에 있는 분들이 있다면, 기왕에 눈물 쏟아지는 고난 가운데 빠져 있는 분들이 있다면 고생은 고생 대로 하고 하나님의 임재의 기쁨은 여전히 누리지 못하는 비참한 결과가 아니라, 고난 중에 하나님의 임재를 깨달았던 삼손처럼 그 고난이 하나님의 임재를 회복하는 도구가 되게 하여주옵소서. 기왕에 고난에 처했다면 그 고난을 통하여 우리는 절대로 망할 수 없는 하나님의 사명을 받은 사명자라는 신분의식을 깨닫게 되기를 바랍니다. 오늘 그 눈물과 고난 속에서 깨닫는 은혜가 있기를 원합니다.'

지금 고난 가운데 있는가? 삼손처럼 목이 말라 죽을 것 같은 고통 중에 있는가? 그 고통을 '하나님의 함께하심'을 맛보는 회복의 도구로 삼아야 한다. 꼭 그렇게 해야 한다.

요 근래 하나님이 자꾸 이 찬양을 내 마음에 주신다.

주님여 이 손을 꼭 잡고 가소서
약하고 피곤한 이 몸을
폭풍우 흑암 속 헤치사 빛으로
손잡고 날 인도하소서

인생이 힘들고 고난이 겹칠 때
주님여 날 도와주소서
외치는 이 소리 귀 기울이시사

손잡고 날 인도하소서

이 찬양을 부르는데 자꾸 울컥했다.

"주님여, 날 도와주소서! 이 손을 꼭 잡고 가소서!"

누가 이렇게 부르짖는가? 삼손처럼 목마름에 죽을 것 같은 사람이, 폭풍우 흑암 속에 빠진 사람이, 앞이 감감해서 '이제 내 인생은 어떻게 되는 거야? 우리 가정은 어떻게 되는 거야?' 너무 막막한 인생을 걸어가는 사람만이 이 고백을 할 수 있는 것이다.

턱뼈 하나로 원수 천 명을 죽일 힘은 갖고 있지만, 자기 내면의 목마름은 해결할 수 없는 모순을 가진 게 우리 인생이라면, 우리가 빨리 이것을 자각하고 고백하게 되기를 바란다.

"주님여, 이 손을 꼭 잡고 가소서!"

약하지도 않고, 피곤하지도 않고, 고난이 뭔지도 몰라서 이 절박한 마음이 없다면 차라리 고난을 구하라. 그렇게 해서라도 하나님의 임재가 삶 속에서 경험되는 인생이 되기를 바란다. 그것이 우리 인생 최고의 행복이 될 것이다!

삼손이 레히에 이르매 블레셋 사람들이 그에게로 마주 나가며 소리 지를 때 여호와의 영이 삼손에게 갑자기 임하시매 그의 팔 위의 밧줄이 불탄 삼과 같이 그의 결박되었던 손에서 떨어진지라 삼손이 나귀의 새 턱뼈를 보고 손을 내밀어 집어 들고 그것으로 천 명을 죽이고 이르되 나귀의 턱뼈로 한 더미, 두 더미를 쌓았음이여 나귀의 턱뼈로 내가 천 명을 죽였도다 하니라 그가 말을 마치고 턱뼈를 자기 손에서 내던지고 그곳을 라맛 레히라 이름하였더라 삼손이 심히 목이 말라 여호와께 부르짖어 이르되 주께서 종의 손을 통하여 이 큰 구원을 베푸셨사오나 내가 이제 목말라 죽어서 할례 받지 못한 자들의 손에 떨어지겠나이다 하니 하나님이 레히에서 한 우묵한 곳을 터뜨리시니 거기서 물이 솟아나오는지라 삼손이 그것을 마시고 정신이 회복되어 소생하니 그러므로 그 샘 이름을 엔학고레라 불렀으며 그 샘이 오늘까지 레히에 있더라 블레셋 사람의 때에 삼손이 이스라엘의 사사로 이십 년 동안 지냈더라

chapter 6

자기 공로와 기념비를 버리라

사사기 15장 14-20절 말씀은 크게 두 파트로 나누어볼 수 있다. 앞부분은 14-17절, 뒷부분은 18-20절이다. 14절에서 17절까지인 앞부분의 상황을 특징짓는 단어는 '라맛 레히'이고, 18절에서 20절 까지인 뒷부분을 특징짓는 단어는 '엔학고레'라고 볼 수 있다.

라맛 레히에서
엔학고레로

'라맛 레히'라는 단어는 '나귀 턱뼈의 언덕'이라는 뜻인데, 이 단어가 나오게 된 배경은 이렇다. 앞 장에서 살펴본 것처럼 삼손이 나귀 턱 뼈로 블레셋 사람 천 명을 죽이고는 의기양양하여 이렇게 외친다.

이르되 나귀의 턱뼈로 한 더미, 두 더미를 쌓았음이여 나귀의 턱뼈로

내가 천 명을 죽였도다 하니라 그가 말을 마치고 턱뼈를 자기 손에
서 내던지고 그곳을 라맛 레히라 이름하였더라 삿 15:16,17

그런가 하면 후반부인 18절부터 20절까지의 상황을 특징짓는 단
어인 엔학고레의 배경은 또 이렇다. 삼손은 비록 나귀 턱뼈 하나로
블레셋 사람 천 명을 죽이는 전과(戰果)를 이루었지만, 그 과정에서
심각한 부작용을 경험하게 된다.

삼손이 심히 목이 말라 여호와께 부르짖어 이르되 주께서 종의 손을
통하여 이 큰 구원을 베푸셨사오나 내가 이제 목말라 죽어서 할례
받지 못한 자들의 손에 떨어지겠나이다 하니 삿 15:18

이게 인간이다. 나귀 턱뼈 하나로 그렇게 많은 외부의 적을 죽이
는 괴력을 발휘했지만, 정작 자기 내면의 목마름은 해결하지 못하
는 게 인간이 가진 모순이다. 그렇기 때문에 나를 망하게 하는 요인
은 항상 내 안에 있지, 바깥에 있지 않다.
삼손은 이렇게 타는 목마름으로 죽을 것 같은 고통을 경험하고,
처음으로 그 문제를 가지고 하나님 앞에 부르짖는다. 그러자 하나
님께서 응답을 주셨다.

하나님이 레히에서 한 우묵한 곳을 터뜨리시니 거기서 물이 솟아나

오는지라 삼손이 그것을 마시고 정신이 회복되어 소생하니 그러므로
그 샘 이름을 엔학고레라 불렀으며… 삿 15:19

엔학고레의 유래가 여기서 시작된 것이다. '엔학고레'는 '부르짖는
자의 샘'이란 뜻이다.

그러니까 전반부의 '라맛 레히'가 눈에 보이는 가시적인 승리와
그것을 이룬 인간의 노력의 결과물에 대한 기쁨을 표현하는 것이라
면, 뒤에 나오는 '엔학고레'는 하나님의 은혜에 대한 감격을 표현한
것이다. 나는 우리가 다 신앙생활 하는 가운데 인간의 노력에 대한
결과물을 노래하는 '라맛 레히'를 넘어서서 하나님의 은혜에 대한
감격을 표현하는 '엔학고레'로 진입하는 삶의 전환점을 맞게 되기를
바란다.

우리에게 이런 변화가 왜 중요한가? 그것은 '라맛 레히'에만 머
무르는 사람들이 가진 몇 가지 치명적인 문제점 때문이다. 이제 그
문제점들을 구체적으로 살펴보면서 그 이유에 대해 생각해보도록
하자.

자기 공로의 틀에서
벗어나지 못한다

첫째로, 라맛 레히에만 머무는 사람들의 특징은 '자기 공로'의 틀을
벗어나지 못한다는 것이다. 지금 '나귀 턱뼈의 언덕'이라는 뜻을 가

진 '라맛 레히'에 머물러 있는 삼손의 모습을 한번 보라.

이르되 나귀의 턱뼈로 한 더미, 두 더미를 쌓았음이여 나귀의 턱뼈로
내가 천 명을 죽였도다 하니라 삿 15:16

이 구절을 읽는데 '내가'라는 부분이 유난히 마음에 와 닿았다.
삼손은 지금 "나귀의 턱뼈로 '내가' 천 명을 죽였도다"라고 하면서
자신의 업적을 강조하고 있다. '라맛 레히'란 단어를 '인간 노력의
결과물'이라고 표현하는 이유가 바로 여기에 있다.
  그런데 14절을 보자.

삼손이 레히에 이르매 블레셋 사람들이 그에게로 마주 나가며 소리
지를 때 여호와의 영이 삼손에게 갑자기 임하시매 그의 팔 위의 밧줄
이 불탄 삼과 같이 그의 결박되었던 손에서 떨어진지라 삿 15:14

이것이 지금 하나님과 삼손의 시각 차이이다. 삼손은 나귀의 턱
뼈로 천 명을 죽인 괴력을 발휘한 '내가'를 강조했지만, 하나님은 삼
손이 가진 괴력이나 그가 도구로 썼던 나귀 턱뼈가 대단한 능력의
원천이 아니라 그런 삼손을 붙들어주신 하나님의 은혜가 힘의 원천
이라고 하신다.
  하나님은 '여호와의 영'이 삼손에게 임하셔서 그 부실한 나귀 턱

뼈로도 적들을 물리칠 수 있었다고 분석하시는데, 삼손은 배후에서 일하시는 하나님의 손길을 인식하지 못하니 "내가 천 명을 죽였도다" 하는 과시적인 태도를 보이는 것이다. 이처럼 하나님의 시각과 우리 인간의 시각이 멀어질수록 우리 인생이 혼미해지는 것이다.

모든 것이
주의 은혜다

옛날 우리 윗대 어른들이 즐겨 부르시던 찬송 중에 이런 곡이 있다.

> 지금까지 지내온 것 주의 크신 은혜라
> 한이 없는 주의 사랑 어찌 이루 말하랴

옛 어른들은 지금 우리보다 훨씬 가난한 시대를 사셨다. 온 나라가 가난으로 결핍이 많던 시대였는데, 오히려 지금보다 감사가 더 많았던 것 같다. 권사님들이 함께 모여 찬양하며 감사하던 모습이 지금도 내 기억에 선하다. 남루한 옷을 입고 끼니 해결조차 어려운 보릿고개를 지나면서도 모이기만 하시면 박수 치며 찬양하는 모습에서 깊은 행복이 느껴졌었다. '라맛 레히'에 머무르는 사람들, 자기 공로의 틀을 벗어나지 못하는 사람들은 결코 할 수 없는 일이다.

내가 우리 교회 교역자들에게 항상 경계하는 것이 바로 이것이다. 이만큼 일했으니 이만큼 대가를 바라고, 또 일에 대한 성과가 좀 나타나면 우쭐해지고 과시하기를 좋아하는 것이 죄성을 가진 우리 모두의 본능이기에 그 문제에 대해 스스로 경계해야 하는 것이다. 비단 목회자뿐만이 아닐 것이다. 하나님께서 은혜를 주시면 본능적으로 찾아오는 '자기 과시'의 틀을 벗어버리고 모든 공로를 하나님께로 돌리는 훈련을 해야 한다. 이 훈련이 되지 않으면 하나님의 은혜를 은혜로 알 수 없고, 또 진정한 행복을 누릴 수 없다.

지금 라맛 레히에 머물러 있다면, 얼른 그 자리에서 벗어나 하나님의 은혜를 은혜로 아는 '엔학고레'로 진입하게 되기를 바란다.

그러나 내가 나 된 것은 하나님의 은혜로 된 것이니… 고전 15:10

그래서 바울처럼 이런 감격의 고백이 우리 입술에서 터져 나오게 되기를 바란다.

인간의 과시물인
기념비 쌓는 것을 좋아한다

그런가 하면 둘째로, 라맛 레히에만 머무는 사람들은 인간의 과시물인 기념비 쌓는 것을 좋아한다.

이르되 나귀의 턱뼈로 한 더미, 두 더미를 쌓았음이여 나귀의 턱뼈로 내가 천 명을 죽였도다 하니라 삿 15:16

지금 삼손은 부실한 나귀 턱뼈 하나로 자기가 어떤 일을 이루었는지 과시하고 싶은 마음에 그 결과물을 '무더기로 쌓아놓고' 드러내고 있다. 그리고 "나귀의 턱뼈로 한 더미, 두 더미를 쌓았음이여"라고 노래했다. 이렇듯 인간은 자기 과시의 존재이다. 그래서 자기 과시를 자랑하는 기념비를 쌓기 원하는 존재이다.

이런 삼손을 보면서 여호수아서 4장의 말씀이 떠올랐다.

그 모든 백성이 요단을 건너가기를 마치매 여호와께서 여호수아에게 말씀하여 이르시되 수 4:1

지금 어떤 상황인가 하면, 이스라엘 백성들이 요단강을 건너서 목적지 가나안 땅에 도착했다. 40년간 광야를 배회하면서 꿈에도 그리던 가나안에 도착했으니 그 감격이 어떠했겠나? 그런데 이런 감격적인 상황에서 하나님이 무슨 명령을 주시는가? 다음 구절을 보자.

백성의 각 지파에 한 사람씩 열두 사람을 택하고 그들에게 명령하여 이르기를 요단 가운데 제사장들의 발이 굳게 선 그곳에서 돌 열둘을 택하여 그것을 가져다가 오늘 밤 너희가 유숙할 그곳에 두게 하라 하시니라 수 4:2,3

이스라엘 백성들이 가나안에 도착한 직후 하나님께서 요구하신 것은 '기념비'를 만들라는 것이다. 그러나 이는 인간의 업적을 과시하기 위한 기념비가 아니었다.

하나님이 원하시는 기념비를 세우라

하나님은 왜 이스라엘 백성이 기념비 세우기를 원하셨는가? 두 가지 의미가 있는데, 하나는 가나안 진입이 가능하도록 도와주신 분이 하나님이시란 것을 오래 기억하기 원하셨기 때문이다.

여호수아가 요단에서 가져온 그 열두 돌을 길갈에 세우고 이스라엘 자손들에게 말하여 이르되 후일에 너희의 자손들이 그들의 아버지에게 묻기를 이 돌들은 무슨 뜻이니이까 하거든 수 4:20,21

너희의 하나님 여호와께서 요단 물을 너희 앞에서 마르게 하사…

수 4:23

너희 자녀들이 "엄마, 아빠는 어떻게 여기까지 오게 되었어요? 그 어려운 과정을 어떻게 이겨낼 수 있었어요?"라고 묻는다면, 그때 "하나님의 은혜로 여기까지 왔다"라고 고백할 수 있도록 그 도구로 기념비를 세우라는 것이다.

본문 버전으로 얘기하자면, 삼손의 괴력이나 그가 사용했던 나귀 턱뼈 때문이 아니라 하나님의 강하심으로 그 놀라운 일이 가능했다는 것을 항상 기억하라는 것이다. 그리고 그걸 위해 기념비를 세우라는 것이다.

인간은 망각의 동물이다. 우리가 얼마나 배은망덕한 존재인지 다 알지 않은가? 너 나 할 것 없다. 나는 이 문세가 내인관세를 깨뜨리는 가장 큰 독이라고 생각한다. 특히나 우리는 베푼 건 다 기억하는데, 내가 받은 건 금방 잊어버리고 만다.

내가 대학교 1학년 때의 일이다. 그때 성가대에서 봉사를 했는데, 주일날 예배 시간에 헌금 주머니를 돌리고 있던 상황이었다. 그날 옆에 앉은 집사님이 지갑을 안 가지고 왔는지 나에게 천 원만 빌려달라고 하셨다. 그래서 빌려드렸다.

그런데 이분이 아직까지도 그 돈을 안 갚으신다. 벌써 37년 전의 일이다. 37년이 지났지만 나는 그날 그 자리까지 생생하다. 지금도 그 분만 보면 다른 건 생각 안 나고 내가 빌려준 천 원만 떠오른다. 웃자고 하는 이야기지만, 빌려준 사람은 37년이 지나도 기억이 생생하고, 빌려간 사람은 일주일만 지나도 잊어버리는 게 바로 우리 인간이다.

그러므로 부부간에 갈등이 회복되는 비결도 딱 하나이다. 내가 배우자에게 해준 것은 빨리 잊고, 배우자가 내게 해준 것은 아주 사소한 것이라도 오래 기억하는 것이다. 부부가 서로에게 그렇게만

한다면 가정이 확 살아난다. 고부간의 갈등도 마찬가지다. 시어머니에게 해드린 것은 빨리 다 잊어버려라. 그리고 시어머니가 베풀어주신 것은 마음에 새겨서 늘 기억하기 위해 애써보라. 그러면 고부간의 갈등도 바로 해결된다. 문제는 무엇인가? 잊고 싶은 건 그렇게 안 잊히고, 기억해야 하는 건 나도 모르게 순식간에 기억에서 없어져버린다.

영적으로 하나님 앞에서도 마찬가지다. 하나님이 베풀어주신 은혜를 다 기억하고 있는가? 그렇다면 이렇게 살 수는 없다. 말로 다할 수 없는 은혜를 받았는데, 그걸 다 기억한다면 어떻게 만날 불평하고 원망하며 살 수 있는가? 벌써 다 잊어버렸기 때문에 이러고 사는 것 아닌가?

바로 이 문제 때문에 '기념비'를 만들라는 것이다. 하나님이 여호수아에게 가나안에 진입하자마자 기념비를 두라고 명령하신 것은, 기념비를 통해 하나님이 행하신 은혜를 기억하라는 것이다.

그런가 하면 하나님이 기념비를 세우라고 하신 데에는 또 한 가지 의미가 더 있는데, 그것은 너만 기억할 것이 아니라 너희 자녀들의 교육을 위해 이것을 사용하라는 것이다.

이것이 너희 중에 표징이 되리라 후일에 너희의 자손들이 물어 이르되 이 돌들은 무슨 뜻이냐 하거든 그들에게 이르기를 요단 물이 여호와의 언약궤 앞에서 끊어졌나니 곧 언약궤가 요단을 건널 때에 요단 물

이 끊어졌으므로 이 돌들이 이스라엘 자손에게 영원히 기념이 되리라 하라 하니라 수 4:6,7

훗날 자녀들이 그 기념비를 보며 "이 돌들이 무슨 뜻이에요?"라고 묻거든 출애굽부터 광야 시절을 보내고 드디어 가나안에 입성하기 까지 하나님이 어떻게 은혜를 베풀어주셨는지 가르치라는 것이다.

우리가 하나님께 받은 은혜를 아이들에게 전수해주지 않으니 그 아이들이 하나님의 은혜를 망각하는 것 아닌가? 지금 우리 아이들을 어떻게 교육하고 있는가? 우리의 호흡 하나하나가 다 하나님의 은혜라는 것을 가르치기 위한 도구로 기념비를 사용하라는 것이다.

그런 의미에서 우리 가정에 베풀어주신 하나님의 은혜를 기억하기 위한 가정의 기념비가 있는가? 우리 교회에서는 특새가 끝나면 특새에 모두 나오신 분들에게 기념으로 동판을 준다. 훗날 아이가 "엄마, 이건 뭐예요?"라고 물을 때 "응, 이건 너와 가족을 위해 엄마가 새벽부터 일어나 기도한 흔적이란다"라고 말해줄 수 있다면 아주 훌륭한 가정의 기념비가 될 것이다. 가정마다 자녀들에게 들려줄 영적인 기념비가 있으면 좋겠다. 하나님은 이런 기념비를 요구하신다.

사무엘상 7장 12절에 보면 또 다른 기념비가 하나 더 나온다.

사무엘이 돌을 취하여 미스바와 센 사이에 세워 이르되 여호와께서 여기까지 우리를 도우셨다 하고 그 이름을 에벤에셀이라 하니라

지금까지 도우신 하나님의 은혜에 감격하여 기념비를 세운 사무엘의 감격이 이해되는가? 오늘 우리는 어떤 돌을 취해 마음에 기념비를 세우고 있는가? 그것만 바라보면 하나님이 지금까지 어떤 은혜로 나를 인도해주셨는지 생각이 나면서 모든 불평이 사라지고 감사의 눈물이 흐르는, 그런 기념비가 있는가? 이런 사람은 그 내면이 불행할 수 없다.

그런데 라맛 레히에 머무는 사람들의 불행은, 이렇게 하나님의 은혜를 기억하기 위해 기념비를 세우는 것이 아니라 자기 과시를 위해 기념비를 세운다는 것이다.

'내가 말이야 서른 몇 명으로 시작해서, 그것도 교회 건물도 없이 학교 강당 빌려서 16년 동안 얼마나 고생 고생해서 교회를 이만큼 키워놓았는지 알아? 왜 내 공을 알아주지 않는 거야?'

내가 싸워야 하는 것이 바로 이것이다. 내가 하나님께 헌신한 것이 쥐꼬리만큼이라도 있으면 그것은 얼른 잊어버리고 '내가 뭘 했지? 한 게 없는데' 하면서 기억 안 나는 게 축복이다. 그리고 하나님이 베풀어주신 큰 은혜는 잊지 않기 위해 마음의 기념비를 세워둬야 한다.

16년 전, 분당우리교회가 송림고등학교에 들어오는 것 자체가 기적이었다. 생각해보라. 학교 이사장님이나 관계자 분들 입장에서 보면 그 큰 강당을 40대 초반의 목사가 개척하여 서른 몇 명 모이는 작은 교회에 빌려주시는 것 자체가 어불성설이었다. 그런데 말도 안 되는 기적 같은 일들을 하나님이 베풀어주셨다.

나는 지금도 그때 당시의 일을 떠올리며 송림중고등학교 이사장님과 학교에 감사한 마음을 가진다. 인간적으로 이보다 고마운 분들이 또 어디 있겠나? 이런 마음으로 학교와 관계자 분들을 위하여 기도한다. 그리고 그들의 마음을 움직여주신 분이 하나님이라 믿고 하나님께 감사드린다. 그야말로 16년 전 교회를 개척하던 순간부터 오늘에 이르기까지 하나님이 행하신 모든 것이 내 마음에 감격의 기념비로 생생하게 세워져 있다.

중요한 것은, 이처럼 마음에 감사의 기념비를 세우고 하나님과 사람들에게 감사하는 마음을 가지면 그 혜택을 나 자신이 받는다는 사실이다. 내 마음 안에 일어나는 감사가 나를 행복하게 만들기 때문이다. 아마도 이것이 하나님께서 우리 내면에 기념비 세울 것을 요구하시는 가장 강력한 이유가 아닐까 싶다.

혹시 지금까지 받은 하나님의 은혜를 망각해버렸는가? 이 시간 성령님의 역사로 잊었던 하나님의 은혜가 새록새록 다 기억나고 마음 안에 이 기념비가 복구되는 은혜가 있기를 바란다.

내면의 목마름을
해결할 수 없는 존재이다

마지막 셋째로, 라맛 레히에만 머무는 사람들의 특징은 겉으로는 과시하지만 사실은 내면의 목마름의 문제를 해결하지 못하는 초라한 인생이란 것이다. 18절을 다시 보자.

> 삼손이 심히 목이 말라 여호와께 부르짖어 이르되 주께서 종의 손을 통하여 이 큰 구원을 베푸셨사오나 내가 이제 목말라 죽어서 할례 받지 못한 자들의 손에 떨어지겠나이다 하니 삿 15:18

여기서 삼손은 두 번에 걸쳐서 목마름의 심각성을 토로하고 있는데, 이 장면을 상상해보라. 겉으로 보이는 삼손은 얼마나 대단한가? 나귀 턱뼈 하나로 적을 천 명이나 죽이는 엄청난 결과를 내고 그것을 과시하는 노래를 부르고 있었다. 하지만 그 내면에는 타들어가는 목마름의 문제를 해결하지 못하고 죽을 것 같은 고뇌를 느끼고 있었던 것이다. 이것이 바로 '라맛 레히'에만 머무르는 사람들의 특징이다.

우리의 모습은 어떤가? 바로 삼손과 같은 이런 모습이 우리 인생 아닌가? 과시하기 좋아하고 자기가 대단한 것처럼 떠벌리고 다니지만, 사실은 내면의 목마름의 문제 하나도 해결하지 못하는 게 우리 아닌가? 아닌 척해도 어떻게든 자기를 드러내보겠다고 발버둥치며, 그래서 내가 이룬 결과물을 산더미처럼 쌓아두고 있지만 그 내면에는 목마름의 문제가 해결되지 않아 죽을 것 같은 갈증을 느끼는 게 우리 인생이다.

그렇기 때문에 우리는 이 초라한 '라맛 레히'의 자리에서 벗어나 빨리 하나님의 은혜를 아는 '엔학고레'의 자리로 나아가야 한다. 우리가 깨닫고 하나님 앞으로 나아가기만 한다면 하나님은 언제든 우리를 기쁨으로 받아주시는 분이다.

하나님의
더 큰 은혜를 기억하라

우리가 기억해야 할 것은, 나귀 턱뼈를 가지고 천 명을 죽이는 외적인 힘만이 하나님의 은혜가 아니란 것이다. 우리는 자꾸 그렇게 눈에 보이는 능력을 추구하지만, 본문의 삼손처럼 무력하게 만드시는 하나님, 갈증으로 죽을 것 같다고 토로하게 하시는 하나님, 그리고 그 고난을 통해 삼손으로 하여금 다시 '엔학고레'로 진입하게 하시는 하나님, 이런 의미에서 보면 결핍과 고난도 하나님의 은혜라는 사실을 기억해야 한다.

우리가 일이 잘 풀려서 감사하고 감격하면 그것도 은혜고, 그뿐만 아니라 원하지 않는 병을 만나고 아픔을 만나 낙심할 수밖에 없는 상황이라 할지라도 하나님께서 함께하신다면 이런 아픔과 고난조차도 하나님의 은혜임을 기억해야 한다. 이런 맥락에서 우리 삶에 아픔이 찾아오면 이렇게 독백하도록 하자.

'드디어 하나님이 나로 하여금 엔학고레로 진입하도록 나를 흔들어 깨우시는구나!'

나는 우리 모두가 다 '엔학고레'의 기쁨을 맛보게 되기를 바란다.

이런 생각을 하면 요한복음 2장에 나오는 한 부류의 사람들을 떠올리게 된다. 요한복음 2장의 가나안 혼인 잔치에서, 예수님이 물이 포도주로 변하는 기적을 베풀어주셔서 얼마나 많은 사람들이 행복했겠는가? 하객들이 벌컥벌컥 마시며 '원래 잔치 초반에 좋은 포도주를 내고 후반으로 갈수록 싸구려 포도주를 내놓는데, 이 주인은 갈수록 향기로운 포도주를 내놓는구나' 하며 출처도 모른 채 행복에 겨워하고 있을 때, 하인들은 예수님의 심부름을 하느라 그 포도주는 맛도 못 봤을 것이다.

그런데 내가 여기서 항상 주목하는 게 요한복음 2장 9절의 말씀이다.

연회장은 물로 된 포도주를 맛보고도 어디서 났는지 알지 못하되 물 떠온 하인들은 알더라 요 2:9

"물 떠온 하인들은 알더라!"

이 말씀은 내 마음 깊은 곳에 자리 잡은 말씀 중에 하나이다. 내가 개척하여 큰 교회를 일구지 않았냐며 날마다 교회에다 더 많은

혜택을 요구하면서 '나는 그런 자격이 있다'는 사실을 되뇌면 나는 하나님의 종이 아니다. 하나님의 종은 그 결과물을 누려서 행복한 사람이 아니기 때문이다. 예수 잘 믿어서 부자 되고, 병 낫고, 그래서 행복하다면 그건 하객들이고, 주님과 동역하느라 그 기적의 포도주는 맛도 못 봤지만 주님과 더불어 동역자 된 기쁨을 아는 자는 하인들이다.

기적의 포도주를 맛보고 즐기려는 자리에서 벗어나 주님의 동역자가 되어 "물 떠온 하인들은 알더라"라는 그 기쁨의 자리로 나아가는 우리 모두가 되기를 정말 간절히 바란다.

목마름을 자각할 때
해갈의 기쁨을 맛본다

하나님은 우리가 이 목마름의 문제를 가지고 하나님 앞으로 나아갈 때, 우리에게 해갈의 기쁨을 주시는 분이다.

삼손이 심히 목이 말라 여호와께 부르짖어 이르되 … 하나님이 레히에서 한 우묵한 곳을 터뜨리시니 거기서 물이 솟아나오는지라 삼손이 그것을 마시고 정신이 회복되어 소생하니 삿 15:18,19

성령께서 지금 우리에게 해갈의 기쁨을 주시길 원한다. 목회자가 주는 것이 아니다. 설교자는 가이드의 역할만 할 뿐이다. 오늘 우리에게 19절에서 삼손이 맛본 그 소생의 기쁨, "하나님이 레히에서 한 우묵한 곳을 터뜨리시니 거기서 물이 솟아나오는지라 삼손이 그것을 마시고 정신이 회복되어 소생하니"의 은혜가 우리의 삶과 가정 안에 그대로 이루어지기를 주님의 이름으로 축복한다.

우리는 전방위로 목마른 존재들이다. 건강의 문제로 목마르고, 경제적인 문제로 목마르고, 가정의 문제로 목말라하는 우리의 인생에 전방위로 해갈의 기쁨을 주시는 이 19절의 하나님을 우리가 갈망해야 한다.

우리가 해야 하는 것은 딱 하나이다. 삼손이 해갈의 기쁨을 맛보게 된 근본적인 이유 역시 딱 하나이다. 삼손이 한 것은 이 한 가지밖에 없다. 목마름을 자각한 것이다.

"목마른 나의 영혼 주를 부르니 나의 맘 만져주소서. 주님만을 원합니다. 더 원합니다. 나의 맘 만져주소서."

우리 안에 이런 갈증이 느껴지기 시작했다면, 이제 살아나기 시작한 것이다.

지난 가을 특별새벽부흥회 기간에 교회 홈페이지 게시판에 올라온 여러 글 중에서 특히 내 눈길을 끄는 글이 하나 있었다. 글의 제목이 '이혼을 앞둔 새벽에 감사하며'였다. 글을 읽어보니 내게도 기도 부탁을 해왔던, 오랜 시간 갈등과 아픔으로 고통하던 가정의 성도였다. 그런데 특새 기간이었던 그날이 공교롭게도 4년이라는 긴 시간 회복을 위해 애썼지만 조정 기간이 끝나고 법적으로 이혼이 결정되는 날이었던 것 같다. 그 내용을 인용해보자.

"집사람과 별거한 지 벌써 4년이란 시간이 흘렀고, 공교롭게도 특새 기간 중인 오늘이 법원에 가서 마지막으로 부부의 관계를 정리하는 날입니다. 돌아보니 집사람에 대한 원망과 억울함, 분노로 주변 모든 사람들에게 스트레스를 풀었고, 또 가정을 잘 이끌지 못한 저에 대해 자책했으며 무기력하게도 시간을 보냈던 것 같습니다. 참 어리석은 저였습니다.

특새 기간 중에 목사님이 삼손처럼 두 눈이 뽑히고 그제야 깨달으면 어떻게 하냐고 말씀하실 때 어찌나 마음이 뜨끔하였는지 모릅니다. 저도 제 가정이 깨어지고 나서야 소중함을 알았기 때문입니다.

오늘 말씀을 듣고 그래도 감사할 일이 얼마나 많았는지 뒤늦게 알게 되었습니다. 제가 별거한 첫해에 마음이 너무 힘들어서 아무것도 아닌 일에도 짜증과 분노를 표출해도 묵묵히 들어주시고 기도만 해주시던 어머니, 술 잔뜩 먹고 들어와도 아빠가 좋다고, 아들이지만 딸같이 옆에 찰싹 달라붙어서 학교에서 있었던 일을 조잘조잘 얘기해주었던 제 아들, 언제든지 시간에 상관없이 마음이 힘들 때 부르면 나왔던 친구. 하나님이 이렇게 숨쉴 수 있게 해주셨는데 제가 너무 몰랐던 것 같습니다.

목사님이 설교 중에 내비게이션으로 예를 들면서, 비록 잘못된 길을 가더라도 그 자리에서 다시 한번 옳은 방향으로 가면 되지 않겠냐고 말씀하셨을 때 얼마나 감사했는지 모릅니다. 그래서 이번 일을 계기로 저에게도 성령의 내비게이션이 자리 잡았으면 좋겠습니다. 지금은 비록 가정이 깨졌지만, 이제 되돌릴 수 없는 과거에 대한 미련은 버리고 새 출발하고 싶습니다. 아빠로서 우리 아들을 더 사랑하며 믿음의 이정표가 되어주고 싶습니다. 그리고 부모님에게는 더욱 효도하고 감사하는 마음을 가지려고 합니다. 제 집사람에 대해서도 아직 완벽히 이해가 되지는 않지만 기도하려고 합니다. 감사와 평안을 느낄 수 있게 하나님께서 예배로 집사람을 만져주시기를요.

하나님, 이번만, 아니 이제부터 저를 강하게 하여주시고 어떠한 일이 생겨도 흔들리지 않고 바울처럼 자족할 수 있게 도와주세요."

그러면서 마지막에 그 분이 남겼던 성구가 이것이다.

내가 궁핍하므로 말하는 것이 아니니라 어떠한 형편에든지 나는 자족하기를 배웠노니 나는 비천에 처할 줄도 알고 풍부에 처할 줄도 알아 모든 일 곧 배부름과 배고픔과 풍부와 궁핍에도 처할 줄 아는 일체의 비결을 배웠노라 내게 능력 주시는 자 안에서 내가 모든 것을 할 수 있느니라 빌 4:11-13

이분의 사연을 읽고 내 마음이 너무 아팠다. 그러면서 그 분의 사연이 하루 종일 내 마음에 맴돌았다. 인간의 과시물을 자랑하고 자기 업적을 쌓아놓고 있을 때는 느끼지 못했던, 고난 중에 하나님이 깨닫게 해주셔서 드디어 회복된 감각이 목마름이다. 사실 우리는 오래전부터 하나님의 생수를 공급받지 못했는데도 우리 영혼이 죽었기 때문에, 무뎌졌기 때문에 육신의 갈증만 느낄 뿐 영혼의 갈증을 느끼지 못했다. 그런데 하나님께서 우리로 하여금 영의 갈증을 깨닫게 하심으로 타는 듯한 영적 목마름을 가지고 하나님 앞에 나아갈 수 있게 하셨으니, 이것 역시 놀라운 하나님의 은혜 아닌가? 4년의 몸부림과 노력이 있었지만 결국 가정이 깨지고 마는, 억장이 무너지는 그날 이런 고백을 할 수 있는 것, 바로 이것이 하나님의 은혜인 줄 믿는다.

우리 중 누구라고 마음에 아픔이 없고 목마름이 없겠는가? 겉으로는 눈으로 보이는 업적과 성과를 자랑하지만, 사실은 다 목마른 인생이다. 우리가 해야 할 것은 하나님 앞에 정직해지는 것이다. 무뎌진 영적 감각을 회복하여 목마름을 깨닫는 것이다. 여기서부터 회복의 시작이 일어나는 줄 믿는다.

사사기 15장 9-13절

이에 블레셋 사람들이 올라와 유다에 진을 치고 레히에 가득한지라 유다 사람들이 이르되 너희가 어찌하여 올라와서 우리를 치느냐 그들이 대답하되 우리가 올라온 것은 삼손을 결박하여 그가 우리에게 행한 대로 그에게 행하려 함이로라 하는지라 유다 사람 삼천 명이 에담 바위 틈에 내려가서 삼손에게 이르되 너는 블레셋 사람이 우리를 다스리는 줄을 알지 못하느냐 네가 어찌하여 우리에게 이같이 행하였느냐 하니 삼손이 그들에게 이르되 그들이 내게 행한 대로 나도 그들에게 행하였노라 하니라 그들이 삼손에게 이르되 우리가 너를 결박하여 블레셋 사람의 손에 넘겨주려고 내려왔노라 하니 삼손이 그들에게 이르되 너희가 나를 치지 아니하겠다고 내게 맹세하라 하매 그들이 삼손에게 말하여 이르되 아니라 우리가 다만 너를 단단히 결박하여 그들의 손에 넘겨줄 뿐이요 우리가 결단코 너를 죽이지 아니하리라 하고 새 밧줄 둘로 결박하고 바위 틈에서 그를 끌어내니라

chapter 7

더 높은 곳을 지향하라

우리나라 교육의 문제를 지적한 어느 글에 보니 이런 내용이 있었다.

"미국 등 해외 대학에선 대양을 누비는 '참치 급 인재'를 속속 배출해 내는데, 우리는 서울대조차도 한강에만 머물 '잡어 급 인력'만 키워내고 있는 게 현실이다."

창의적이지 못한 주입식 교육을 하고 있는 현실을 비판하는 글이었는데, 그 글에 나오는 '참치 급 인재', '잡어 급 인력'이란 표현이 인상적이었다. 그러면서 문득 하나님은 우리가 '참치 급 인물'이 되기 원하시는데, 우리는 스스로를 '잡어 급 인력'으로 전락시키고 있는 것은 아닌가 하는 생각이 들었다. 지금까지 살펴본 삼손의 삶이 딱 그렇지 않은가?

보라 네가 임신하여 아들을 낳으리니 그의 머리 위에 삭도를 대지 말

라 이 아이는 태에서 나옴으로부터 하나님께 바쳐진 나실인이 됨이
라 그가 블레셋 사람의 손에서 이스라엘을 구원하기 시작하리라 하
시니 삿 13:5

하나님은 삼손을 향하여 이런 원대한 꿈을 품고 이 땅에 보내주
셨는데, 하나님은 그를 '참치 급' 인물로 생각하시는데 반해 지금까
지 살펴본 삼손의 모습들은 딱 '잡어' 수준이었다.

동족은
적이 아니다

그런데 지금까지 삼손에 대해 부정적인 평가 일색이었는데, 15장
9-13절에 이르러서는 완전히 다른 삼손의 성숙한 모습을 하나 발
견할 수 있다.

본문의 상황은 이렇다. 지금 이스라엘의 원수 나라인 블레셋 사
람들이 삼손을 잡기 위해 올라와 유다에 진을 치고 있다. 그러니 유
다 사람들이 얼마나 놀랐겠는가? 그래서 물었다.

"왜 우리를 치려고 올라왔느냐?"

그러자 블레셋 사람들이 하는 말이 "우리는 지금 삼손을 잡으러
왔다"는 것 아닌가. 그 말을 들은 유다 사람들이 자기들의 안위를
위해 삼손을 붙잡아 블레셋 사람들에게 넘겨주는 장면이다.

그들이 삼손에게 이르되 우리가 너를 결박하여 블레셋 사람의 손에 넘겨주려고 내려왔노라 하니 … 새 밧줄 둘로 결박하고 바위 틈에서 그를 끌어내니라 삿 15:12,13

내가 독특하다고 생각하는 것이 뭐냐 하면, 이런 상황에서 삼손이 아무런 저항도 하지 않고 순순히 결박당하는 모습을 보이는 것이다. 사람들이 지금 자기 살겠다고 동족인 자신을 결박하고 끌어내고 있는 상황인데, 삼손 입장에서 얼마나 괘씸한 상황인가?

삼손은 부실한 나귀 턱뼈 하나로 블레셋 사람 천 명을 죽였던 사람이다. 마음만 먹으면 그렇게 순순히 결박당할 사람이 아니다. 그런데 아무런 저항도 하지 않고 본문에서 보는 것처럼 그렇게 순순히 결박당하고 있는 것이다. 참 독특한 모습이다.

그럼 이런 질문이 가능하다. 삼손은 분명 싸울 힘이 있고 괴력이 있었는데, 왜 힘 한번 쓰지 않고 순순히 결박당해서 적에게 넘겨지는 수모를 당하고만 있었을까?

대답은 간단하다. 지금 자기 동족들이 도저히 해서는 안 되는 못된 짓을 자기에게 저지르고 있지만, 그럼에도 불구하고 삼손에게 유다 사람들은 적이 아니기 때문이다. 어떤 경우에도 자기 동족 유다 사람들은 나귀 턱뼈로 몰살시킬 대상이 아니란 생각이 그에게 있었기 때문이다.

이런 삼손의 태도는 사사기 15장 8절에서도 볼 수 있다.

블레셋 사람들의 정강이와 넓적다리를 크게 쳐서 죽이고 내려가서 에 담 바위 틈에 머물렀더라 삿 15:8

이게 어떤 상황인가 하면, 삼손이 여우를 잡아다가 그 꼬리에 불을 붙여서 블레셋 밭을 다 태워버리고는, 자기 동족이 있는 곳으로 숨지 않고 블레셋 진영으로 숨어들어간 것이다. 삼손은 왜 자기 동족이 사는 곳으로 숨어들지 않고 위험한 블레셋 진영으로 숨어들어 갔는가? 이것 역시 자기 때문에 동족들이 곤란한 일을 겪을까봐, 더 쉽게 말해서 블레셋 사람들이 자기를 빌미로 자기 동족들에게 해코지를 할까봐 위험하지만 블레셋 진영으로 숨어들어간 것이다.

삼손의 이런 모습들이 유다 사람들과 너무 대조적이다. 한쪽은 자기 살겠다고 자기 동족인 삼손을 블레셋에 넘기려는데, 또 다른 한쪽은 어떤 경우에라도 동족은 자기 적이 아니라고 한다. 참 흥미로운 장면이다.

나는 본문의 상황을 가지고 많은 시간 생각하면서 장면을 떠올려보기도 하고 반성도 했다. 삼손이 보여주는 자기 동족을 향한 그 큰마음을 자꾸 묵상하게 되었다. 그리고 다짐했다. 어떤 경우라도 나의 유익을 위해 이웃을 적의 손에 넘겨주는 것과 같은 행동은 하지 않겠노라고.

이런 관점으로 성경의 인물들을 보니, 하나님께 쓰임 받은 하나님의 사람들은 다 자기 동족에 대해 삼손과 같은 태도를 가졌다.

예를 들어, 우리가 잘 아는 모세가 그랬다. 모세는 홍해를 건너 가나안으로 가는 여정의 그 광야 길에서 이스라엘 백성을 인도하는 지도자로서 큰일을 행한 사람이었다.

그런데 철없는 이스라엘 백성들은 지도자 모세의 그런 수고에 대하여 감사한 마음은 잘 표현하지 않고 오히려 끊임없이 원망과 불평을 쏟아내며 지도자 모세의 마음을 아프게 하지 않았는가? 이런 일이 광야 생활 내내 계속되었음에도 불구하고 모세는 자기 동족 이스라엘 백성들이 하나님 앞에 범죄하여 멸망당할 위기에 처하자 깜짝 놀랄 기도를 하나님께 올려 드린다.

"차라리 내 이름을 생명책에서 지워주세요."

하나님께 동족을 용서해달라고, 멸하지 말아달라고 기도드리면서 이런 극단적인 표현까지 하며 하나님께 애원하고 있다. 얼마나 감동적인 모습인가?

이는 예레미야도 마찬가지다. 동족 이스라엘 백성들이 그를 얼마나 집요하게 괴롭혔는가? 오죽했으면 예레미야는 하나님께 이렇게 고통을 호소하기도 했다.

내가 말할 때마다 외치며 파멸과 멸망을 선포하므로 여호와의 말씀으로 말미암아 내가 종일토록 치욕과 모욕거리가 됨이니이다

렘 20:8

포악하기 짝이 없는 그 백성들이 예레미야를 향해 이런 수치와 치욕과 모욕을 주었는데도, 바로 다음 절인 9절을 보라.

내가 다시는 여호와를 선포하지 아니하며 그의 이름으로 말하지 아니하리라 하면 나의 마음이 불붙는 것 같아서 골수에 사무치니 답답하여 견딜 수 없나이다 렘 20:9

여기에는 물론 하나님의 말씀에 대한 열정도 포함되어 있지만, 그토록 타락했던 자기 동족에 대한 사랑의 마음이 없이는 절대로 불가능한 고백이다.

은혜의 물꼬를 어디로 틀 것인가?

이런 점에서 우리는 우리가 받은 은혜의 물꼬를 어디로 터야 하는가에 대한 고민을 해야 한다. 하나님께 은혜 받은 것을 전부 나 자신에게로만 물꼬를 틀어서 내 영혼, 내 자녀, 내 배우자, 내 부모 잘되기만을 바란다면 참으로 미숙하고 부끄러운 모습일 것이다.

예수님이 친히 모범을 보여주신 십자가 정신은 그런 것이 아니다. 우리 한국교회가 빨리 초라한 자리에서 벗어나려면 자기 살겠다고 동족인 삼손을 잡아 블레셋에 넘기려는 유다 사람들과 같은 이기적인 태도에서 벗어나야 한다.

지금 우리나라의 빈부 격차가 보통 심각한 상황이 아니다. 이 문제 때문에 나라 전체가 몸살을 앓고 있다. 다 그런 건 아니지만 공직자들의 재산 목록을 발표할 때면, 어떤 사람은 6개월 만에 혹은 1년 만에 재산이 몇십 억이 늘었다더라 하는 기사를 종종 보게 된다. 나라 위해 일하느라 재테크 할 시간도 없었을 것 같은데 그냥 내버려둬도 저절로 알아서 돈이 불어나는 것 같다. 반면에 경제적으로 어려운 이웃들, 특히 전셋값이 없어서 결혼을 약속한 지가 3,4년이 지났는데도 결혼을 망설이고 있는 청년들이 한둘이 아니다.

이런 가슴 아픈 현실을 보면서도 '내 통장에 돈만 많으면 그만이지'라고 생각한다면, 이게 어떻게 십자가 정신으로 무장한 그리스도인의 자세일 수 있겠는가?

가슴 아픈 현주소

최근에 어떤 사회학자의 강의를 듣다가 충격을 받은 대목이 있다. 여기에 직접 옮겨보겠다.

"2004년도에는 스펙을 3종 세트라고 했습니다. '학벌, 학점, 영어

점수.' 그런데 십몇 년 동안 이것이 3배로 늘어나서 '학벌, 학점, 영어 점수, 어학연수, 공모전, 자격증, 봉사활동, 인턴', 여기에 충격적이게도 '성형수술'까지 늘어났습니다."

그러면서 청년들의 현실이 얼마나 어려운지 통계 하나를 들어 설명하는데, 그 설명을 듣고 너무 충격을 받았다.

"2016년도 국가직 9급 공무원 4,120명을 선발했는데 그 시험에 21만 8,530명이 떨어졌습니다."

듣고도 믿겨지지가 않았다. 4천 명 뽑는데 21만 명이 넘는 사람들이 시험에 떨어지는 현실이 도저히 믿기지 않았다. 이런 말도 안되는 일이 벌어지고 있는 곳이 대한민국이다. 이런 현실 앞에서 '나는 집도 하나 있고, 통장에 돈도 있고, 직장도 있고. 내가 무슨 상관이야'라고 한다면 이는 올바른 크리스천의 자세가 아니다.

이밖에 앞에서도 언급했지만, 의미 없는 주입식 교육으로 오늘날 교실에서 일어나고 있는 비극들을 보라. 인성 교육은 거의 불가능하다. 얼마 전, 온몸이 붉은 피로 물든 채 무릎 꿇고 있던 한 여학생의 사진에 온 국민이 울분을 토했다. 그런가 하면, 십 대 아이 둘이 공모하여 어린아이를 살해해서 한 아이는 무기징역을 받고, 한 아이는 청소년 법정 최고형인 징역 20년을 받았다. 이것이 오늘 폭력에 물든 우리 다음 세대 아이들의 현주소 아닌가.

청소년들의 자살, 혼란스러운 가치관, 성적인 타락 등 말로 다할 수 없이 혼미한 시대를 살고 있기에 우리는 본능적으로 "하나님, 내 자녀를 이런 악한 세상에서 보호해주시기 원합니다"라는 기도를 드린다.

그런데 여기서 깊이 생각해봐야 한다. 온 세상이 비정상을 향해 달리고 있는 현실에서 내 아이 하나만 보호 받는 일은 불가능하다. 그러므로 우리는 기도의 지경을 넓혀야 한다. 내 아이만 보호해달라는 기도에서 이 나라와 민족을 긍휼히 여겨달라는 좀 더 넓은 시각의 기도가 필요하다.

그리고 세상이 혼미해질수록, 비록 내 동족이 내게 상처와 아픔을 주고 나를 잡아다가 적국에 넘겨주려는 악한 짓을 할지라도 그에 맞대응하지 않았던 삼손의 정신을 본받아 우리 역시 더 큰 그림을 그리며 더 높은 곳을 지향했으면 좋겠다.

이런 의미에서 우리가 반성할 게 참 많은 것 같다. 미국의 교포 교회에서 일어난 일인데, 그 지역에서 엄청난 부흥을 일으키던 교회가 있었다. 그 교회의 목사님은 설교를 정말 잘하셨다고 한다. 그러다 보니 사람들이 그 교회로 몰려들었다. 그런데 그게 화근이었다. 담임목사님이 교만해져서 성도들을 막 대하고, 휴가도 마음대로 쓰고, 월급 올려달라고 내놓고 요구하고, 기분이 조금만 나빠도 '나그만둘 거다. 사표낼 거다'란 말을 종종 했다고 한다. 전해 들은 이야기라 이중에 어느 정도가 사실인지는 모르겠지만, 전해진 상황이 그렇다. 결국 견디다 못한 그 교회 성도들이 목사님을 내보냈다는 것이다.

그런 일이 있고 나서 그 교회 성도들이 겪었던 수많은 아픔과 갈등을 전해 들으며 내 마음에 분노가 올라왔다.

'아니, 목회자가 뭐 했다고 그렇게 교만해져서 기고만장하다가 쫓겨났다는 말인가? 그러고 나면 그 교회는 어떻게 되는 것인가?'

왜 이런 일이 일어나는가? 포만감이 너무 빨리 왔기 때문 아닌가? 목표가 너무 작기 때문 아닌가? 기껏 꿈이라는 게 사람 좀 많이 모이는 것, 그것에 머물렀기 때문에 벌어진 일이다.

이것은 결코 남의 이야기가 아니다. 오늘 예수 믿는 우리가 하나님 앞에 무릎 꿇고 반성해야 하는 것은 무슨 포만감이 왜 그렇게 빨리 오는가 하는 것이다.

영적 용량을 키우라

우리 교회 부교역자 출신 중에 덩치가 크고 식사 양이 엄청난 후배가 있었다. 식당에 함께 가면 내가 먹는 양의 거의 두 배 반을 더 먹는다. 나는 반 공기만 먹어도 배가 차는데, 그 후배는 그 많은 양의 음식이 다 어디로 들어가는지 모르겠다.

내가 '영적 포만감'에 대한 생각을 할 때마다 이 후배 교역자의 식성을 생각하곤 한다. 내 문제가 무엇인가? 위가 작아서 반 공기만 먹어도 금방 배가 부르다. 그런데 옆에 있는 사람은 두 공기, 세 공기를 먹어도 히딩크처럼 '나는 아직 배고프다'라고 한다. 사람마다 용량이 다 다르다.

영적으로도 마찬가지다. 주님을 위해 엄청난 일을 행하면서도 '마땅히 해야 할 일을 했을 뿐입니다'라며 겸손한 태도를 보이는 분이 있는가 하면, 아주 작은 일을 하고도 스스로 포만감에 빠져서 교만해지는 경우를 종종 본다. 밥은 반 공기만 먹고도 금방 포만감이 들어 숟가락을 내려놓는다 해도 별 문제가 없지만, 영적으로 이런 태도는 곤란하다. 그러므로 이 문제를 놓고 하나님께 은혜를 구해야 한다.

"하나님, 저의 영적인 용량을 키워주시기 원합니다. 용량을 키워주시어 더 높은 곳을 바라보고 원대한 꿈을 꾸게 하옵소서!"

특히 예수 믿는 청소년들, 청년들에게 당부하고 싶다. 어릴 때부터 너무 눈앞의 작은 것에 연연하지 않았으면 좋겠다. 보다 큰 꿈을 꾸고 높은 곳을 바라보며 "다 이루었다 함도 아니요"라고 바울이 고백했던 것처럼 그렇게 쉽게 포만감을 느끼지 않는 삶을 살게 되기 바란다.

부모들도 자녀를 바라보는 시각이 달라지기 원한다. 우리가 코앞의 것만 바라보는 초라한 모습에서 일어나 용량을 넓히고 원대한 꿈을 가지고 보다 높이, 하나님나라를 내다보는 삶을 살게 되기를 간절히 바란다.

나라와 민족의
회복을 위해 기도하라

이런 의미에서 우리가 기억하고 기도해야 할 두 가지 기도제목을 함께 나누고 싶다.

첫째는 우리의 생각과 관심이 넓어져서 나라와 민족의 회복을 위해 꿈꾸고 기도하는 크리스천들이 되기를 바란다.

하나님께서 삼손을 향해서 "블레셋 사람의 손에서 이스라엘을 구원하기 시작하리라"라는 꿈을 주시고 그에게 괴력을 허락해주셨는데, 기껏 삼손은 하나님이 주신 그 큰 힘을 가지고 하나님이 주신 꿈을 위해 기도하고 애쓰고 나아가기는커녕 여자 뒤꽁무니 따라다니기 바빴다.

만주 하얼빈에서 민족 침략의 원흉인 이토 히로부미를 사살하고 순국한 독립운동가 안중근 의사를 기억할 것이다. 몇 년 전, 어느 TV 프로그램에서 안중근 의사가 순국하기 전에 그 어머니가 옥중에 있는 아들에게 쓴 편지를 낭독해주었는데, 그것을 보면서 눈물을 흘렸던 기억이 있다. 그 어머니가 보낸 편지 중에 이런 내용이 있었다.

"아들아, 옳은 일을 하고 받은 형이니 구차하게 삶을 구걸하지 말고 죽으라. 대의에 따라 죽는 것이 이 어미에 대한 효도이다."

또 이런 내용도 있다.

"나는 이 세상에서 너와 다시 재회할 마음이 없다. 내가 너를 위해 수의를 만들어 보내니 이것을 입고 가거라."

정말 충격적인 내용이다. 자식을 향한 부모의 마음은 다 똑같을 것이다. 짐승도 본능적으로 자기 새끼를 보호하는데, 안중근 의사의 어머니에게는 그런 본능이 없는 것인가? 피도 눈물도 없는 여자인가? 아니다. 그런데도 그 어머니는 지금 아들이 사형을 당할 위기에 놓여 있는데, 편지 어디에서도 눈물로 얼룩진 위로를 건네지 않았다.

하지만 나는 그 어머니가 아들에게 이렇게 편지를 쓰고는 일주일은 앓아누웠을 것이라는 상상을 해본다. 어쩌면 평생을 눈물로 지새웠는지도 모른다. 그럼에도 불구하고 아들에게 이렇듯 단호한 편지를 쓸 수 있는 것은 아들 개인의 안위보다 민족과 나라를 생각하는 큰마음 때문이었을 것이다. 그래서 머리가 숙여지는 것이다.

우리는 다 하나님나라를 꿈꾸는 사람들이다. 우리는 영원한 삶을 허락해주신 하나님이 내 아버지가 되심을 믿기 때문에 이 큰마음을 가지고 기도해야 한다.

"하나님, 우리 조국 대한민국을 불쌍히 여겨주시고 북한에서 신음하는 우리 동족들을 불쌍히 여겨주옵소서. 같은 한국 사람인데 인간이 그어놓은 금 저쪽에 태어났다는 이유 하나만으로 고통 받고 있습니다."

나는 북한에 두 번 다녀왔다. 평양의 양강도호텔 37층에 머물며 아래를 내려다보니 평양 시내가 다 보였다. 밤 10시에 내다본 평양의 풍경은 너무 놀라웠다. 딱 10시가 되자 온 평양 시내가 착, 착, 착 구역별로 불이 다 꺼지는데, 순식간에 흑암의 도시가 되었다. 경제적인 어려움 때문에 전기를 끊어 삽시간에 도시 전체가 암흑의 도시가 되는 광경을 바라보면서 깊은 생각에 빠졌다.

'전기가 끊어져 이렇게 캄캄해져버린 상태와 마찬가지로 예수 그리스도와 십자가 사랑의 공급이 끊어져 영적으로도 피폐해진 북한 땅을 위해 어찌 기도하지 않을 수 있으랴?'

우리 기도의 지경을 넓혀야 한다.

그런가 하면 이 땅의 수많은 장애인과 그 가족들을 위해서도 기도해야 한다. 그뿐만 아니라 경제적인 어려움을 겪고 있는 우리 이웃들을 위해서도 마찬가지이다.

오늘날 교회가 동네 사람들에게 소음과 불법 주차로 민폐 끼치고 차나 막히게 하는, 아무런 보탬이 되지 않는 초라한 공동체가 되어선 안 된다. 교회로 말미암아 그 교회가 속한 지역사회가 살아나고, 약하고 상한 자들에게 꿈이 심기기를 정말 간절히 소망한다.

적과 아군은 구분하라

둘째로 우리가 붙잡아야 할 기도제목은 적과 아군은 구분하며 살자는 것이다.

앞에서 언급했던 삼손에게 발견되는 귀한 태도가 바로 이것 아닌가? 이런 모습은 다윗이 골리앗을 상대로 싸우러 가는 과정에서도 엿볼 수 있다. 사무엘상 17장 28절을 보자.

큰형 엘리압이 다윗이 사람들에게 하는 말을 들은지라 그가 다윗에게 노를 발하여 이르되 네가 어찌하여 이리로 내려왔느냐 들에 있는 양들을 누구에게 맡겼느냐 나는 네 교만과 네 마음의 완악함을 아노니 네가 전쟁을 구경하러 왔도다 삼상 17:28

지금 다윗이 골리앗을 상대하려고 하는 그 상황에서 큰형 엘리압이 다윗을 이런 식으로 모욕하고 있는 것이다.

"이 철딱서니 없는 자식, 네가 뭘 알고 여기에 왔냐? 나는 너의 교만한 마음을 잘 알고 있다."

사람 많은 곳에서 큰 소리로 이런 식으로 모독을 주는 형의 독설 앞에 다윗의 마음이 얼마나 상했겠는가? 그런데 다윗이 보인 반응이 놀랍다.

다윗이 이르되 내가 무엇을 하였나이까 어찌 이유가 없으리이까 하고 삼상 17:29

이렇게 딱 한마디 하고는 어떻게 했는가?

돌아서서 다른 사람을 향하여 전과 같이 말하매 백성이 전과 같이 대답하니라 삼상 17:30

내가 이 말씀에 왜 주목하는지 아는가? 오늘날 한국교회는 우리의 원수인 영적 골리앗 앞에서 다윗과 형 엘리압이 미치도록 싸우고 있는 형국이다. 한국교회를 보면 사탄은 별로 힘 안 써도 된다. 자기들끼리 싸우다가 자기들끼리 지쳐서 쓰러질 것 같다. 이게 딱 우리의 모습 아닌가?

다윗이 왜 위대한가? 그는 형이 아무리 자기를 모독해도, 그렇게 사람들 많은 곳에서 자기를 부끄러운 자리로 몰아가도, 그래서 분노와 울분이 일고 상처를 아무리 많이 받더라도, 어떤 경우에도 형은 내가 싸워야 할 골리앗이 아니란 사실을 알았다. 어떤 경우에도 형은 자기 적이 아니라는 것이다.

우리가 지금 분간 못 하는 게 이것 아닌가? 교회 안에 적이 얼마나 많은가? 김 권사, 박 권사, 김 장로, 이 장로 등등 교회 안에 꼴보기 싫은 사람은 또 얼마나 많은가? 간혹 당회에서 서로를 미워하고 반목하고 있어서 힘들다며 기도 부탁하는 경우를 만나면 정말 기도가 저절로 나온다. 어쩌다 서로 마음이 상하고 상처를 주고받는 사이가 되었다 하더라도 상대방은 내가 싸워야 할 골리앗이 아니다. 이 사실을 잊어서는 안 된다.

그러므로 관계에 어려움이 생기면 그 문제를 놓고 하나님께 기도해야 한다.

"하나님, 대인관계에서 용서할 수 있는 힘을 주시옵소서. 상대방의 연약함을 수용하고 끌어안을 수 있는 넓은 마음을 주시기 원합니다. 나를 위해 십자가 지신 주님의 긍휼하심으로 상대방을 불쌍히 여기는 마음을 주옵소서."

지나간 것은 그대로 두고
앞으로 나아가라

한 가지 더 부연하기 원한다. 보다 큰 꿈을 가지고 달려가기 위해선 할 일이 하나 있다. 지나간 것은 지나간 대로 두고 다가오는 것을 또 후회 없이 감당하기 위해 앞을 향해 나아가는 것이다.

… 뒤에 있는 것은 잊어버리고 앞에 있는 것을 잡으려고 푯대를 향하여 그리스도 예수 안에서 하나님이 위에서 부르신 부름의 상을 위하여 달려가노라 빌 3:13,14

특새 설교가 힘든 것이 매일매일 초긴장 상태에서 설교를 준비하는 일이 계속되기 때문이다. 그러다 보면 시간에 쫓겨 충분히 준비할 시간이 없고, 그럴 때면 설교를 충분히 소화하지 못한 상태로 단에 서야 할 때가 있다.

지난 특새 때 이런 일이 있었다. 밤을 새워 준비했는데도 설교가 흡족하지 않았다. 그러다 보니 설교를 마치고 내려와서는 그날 하루 종일 마음이 편치 않았다. 성도들이 그 새벽에 잠을 설쳐가며 기다렸다가 나온 집회인데, 그 짧은 수면 시간에도 오직 은혜 받는 일에 전념하려고 온 정성을 드려 모였는데, 말씀 전달자로서의 역할을 제대로 못 한 것 같아서 마음이 너무 어려웠다.

그렇게 몸도 힘들고 마음도 힘든 상태로 오전을 지나는데, 이 노래 가사 한 마디가 내 마음에 울렸다.

"지나간 것은 지나간 대로 그런 의미가 있죠."

우습게도 이 유행가 가사 한 마디에 내 마음이 정리됐다.

'내가 내일 또 설교를 해야 하는데, 오늘 준비 안 되어 부족했던 것 때문에 영향을 받으면 내일 또 준비가 안 되는 일이 일어날 텐데….'

그러면서 다시 마음을 다잡고 은혜를 구하니 하나님께서 내 마음에 말씀을 준비하려는 불타오르는 마음과 기쁨을 허락해주셨다.

'하나님, 어제 온전하게 다 전하지 못한 말씀들, 그 아쉬움을 다 가오는 새벽에 원 없이 토해놓을 수 있도록 성령님께서 은혜 주시기를 원합니다!'

우리는 뒤에 있는 것은 잊어버리고 '앞에 있는 것'을 잡기 위해 푯대를 향해 달려 나가야 하는 존재들이다.

이제 우리가 이 나라와 민족을, 또 내 남은 삶을 통하여 이웃을 섬기기 위해, 보다 높은 곳을 향하여 나아가기 위해 뒤에 있는 것,

지나간 것은 다 잊어버리자. 나뿐 아니라 우리 모두가 지난날의 실수, 지난날에 지었던 죄악의 기억들은 다 성령님 앞에 내려놓고 이제 꿈을 가지고 앞을 향하여 더 큰 것을 추구하는 믿음의 자녀들이 되기를 주님의 이름으로 간절히 축복한다.

사사기 16장 1-3절

삼손이 가사에 가서 거기서 한 기생을 보고 그에게로 들어갔더니 가사 사람들에게 삼손이 왔다고 알려지매 그들이 곧 그를 에워싸고 밤새도록 성문에 매복하고 밤새도록 조용히 하며 이르기를 새벽이 되거든 그를 죽이리라 하였더라 삼손이 밤중까지 누워 있다가 그 밤중에 일어나 성 문짝들과 두 문설주와 문빗장을 빼어 가지고 그것을 모두 어깨에 메고 헤브론 앞산 꼭대기로 가니라

chapter **8**

다시 제자리

최근에 흥미로운 기사 하나를 봤다. 2016년에 음주운전 하다가 적
발된 건수가 22만여 건이라고 하는데, 그 단속 건수에도 많이 놀랐
지만 더 놀란 것은 이렇게 음주운전 하다가 적발된 22만여 건 가운
데 과거에 이미 한 차례 이상 단속된 경험이 있는 경우가 10만여 건
이라는 것이다. 그러니까 절반에 가까운 사람들이 이미 과거에 한
두 차례 음주운전을 하다가 적발이 됐음에도 불구하고 또 음주운
전을 했다는 이야기다.

　그런가 하면 2년쯤 전에 본 기사 중에 이런 것도 있었다. 사기 범
죄자 11만여 명 가운데 재범 이상의 비율이 8만여 명, 곧 사기 범죄
자의 재범률이 무려 77퍼센트에 달하고, 절도 범죄자 가운데 재범
이상 비율이 58퍼센트, 살인과 강도 같은 강력 범죄의 재범률이 60
퍼센트에 달한다는 것이다. 이런 통계들이 무엇을 말하는가? 아무

리 단속을 해도, 또 그것 때문에 아무리 감옥에 갇힌다 해도 죄를 끊는 게 그만큼 어렵다는 것이다.

70,80년대에 상습 절도범으로 유명했던 사람이 있다. 그 사람이 붙잡혀 15년 동안 수감 생활을 했다. 그런데 감옥에 있으면서 예수님을 믿고 은혜를 받았다. 그래서 출소한 후에는 과거의 어두운 생활을 다 청산하고 뒤늦게 신학교에 들어가 목사가 되었다. 이것이 한때 장안의 화제가 되었다. 그런데 많은 사람들이 '그 사람이 이제 변화 받고 새로운 삶을 잘 사나 보다' 할 때 그가 다시 빈집에 들어가 금품을 훔치다 붙잡혔다는 소식을 들었다. 그 소식을 듣고 참 씁쓸했던 기억이 있다.

엄청난 은혜,
그러나 다시 제자리

왜 이런 예화들을 드는가 하면, 본문인 사사기 16장 1-3절에서 보이는 삼손의 행태가 이와 비슷하기 때문이다.

앞 장에서도 언급했지만 삼손은 사사기 15장에서 큰 은혜를 받는다. 삼손은 나귀 턱뼈로 블레셋 사람 천 명을 죽이는 괴력을 발휘하고는 기쁨의 노래를 불렀다. 그런데 겉으로는 이런 승리의 노래를 불렀지만 그 내면에는 해갈되지 않는 목마름으로 고통을 겪고 있었고, 삼손은 그 갈증의 문제를 가지고 처음으로 하나님께 부르짖어 기도했다. 그리고 '엔학고레'의 기쁨을 맛보았다. 한 마디로 삼손은 기도 응답과 은혜가 주는 기쁨을 누리게 된 것이다. 이것이 본문의 바로 앞인 15장 끝부분에서 살펴본 내용이다.

이런 큰 은혜를 경험한 삼손이기에 기대되는 것이 있지 않은가?

'드디어 삼손이 하나님께 처음으로 부르짖어 기도하고, 그 기도에 하나님이 주신 응답을 엔학고레로 표현했으니, 이제 삼손의 인생이 달라졌구나, 변화됐구나, 이제 새로운 삶을 살겠구나!'

사사기 15장을 읽는 사람이라면 누구나 이런 기대를 갖는 것이 당연한데, 사사기 16장에서 삼손이 보여주는 모습은 이런 기대와는 전혀 거리가 먼 모습이었다.

사사기 16장의 문을 열자마자 삼손이 보여주는 모습을 보라.

삼손이 가사에 가서 거기서 한 기생을 보고 그에게로 들어갔더니

삿 16:1

한글 성경에는 점잖게 '기생'이라고 표현했지만, 영어 성경으로 보면 'prostitute'(매춘부)이다. 있는 그대로 표현하면 창녀이다. 이 상황이 이해가 가는가? 바로 앞 구절에서 생생한 하나님의 은혜를 경험하고 그 은혜에 겨워 엔학고레라는 단어로 감격을 표현했던 삼손인데, '영적인 경험을 했으니 이제 제대로 하나님의 종의 모습을 보겠구나'라고 했던 우리의 기대를 무색하게 만드는 행동을 하다니, 완전히 옛날로 돌아간 것 아닌가?

돌아간 정도가 아니라 더 심해졌다. 사사기에 등장했던 초반부터 여자 얼굴에 빠져서 헤어 나오지 못했던 삼손이지만, 그래도 그 때 딤나에서 만났던 여자는 이방 여자이긴 했지만 창녀는 아니었지 않은가? 근데 지금은 이게 무슨 꼴인가?

삼손의 모습에 대해 어떻게 생각하는가? 그런데 이게 인간이다. 음주운전 하다가 적발되어 그렇게 곤혹을 치러놓고는 시간 지나면 절반 가까이가 또다시 음주운전의 자리에 빠지는 것이 인간의 현실적인 모습이다. 감옥에서 은혜 받고 과거의 죄악을 청산하고 목사가 되어 새로운 삶을 살기로 해놓고선 또다시 남의 집 담을 뛰어넘을 수 있는 것이 죄성을 가진 인간의 모습이다. '어떻게 그럴 수 있어? 그런 사람이 인간이야?'라고 하겠지만, 맞다. 그게 인간이다.

이런 인간의 본성을 너무나 잘 알기에 바울은 이렇게 절규하지 않았는가?

오호라 나는 곤고한 사람이로다 이 사망의 몸에서 누가 나를 건져 내랴 롬 7:24

은혜가 깊어진다는 것은 그냥 은혜로 펄펄 날 것 같고 기분이 붕 떠 있는 상태가 되는 게 아니다. 우리는 은혜가 깊어질수록 바울처럼 죄성을 가진 자신을 철저하게 인식하게 된다. 그것이 믿음이 자라는 과정이다.

몇 년 전에 있었던 일이다. 나와 친하게 지내는 목사님 몇 분이 비장한 각오로 다이어트를 결의했다. 서로 의기투합하여 정보도 교환하고 살 빠지는 데 도움 된다는 약도 구해서 먹으며 많은 노력을 기울였다. 그렇게 살을 빼기로 결심하고 애쓴 지 얼마 지나지 않아 어느 모임에서 이분들을 만났는데, 깜짝 놀랐다. 다이어트를 시작한 지 얼마 되지 않은 것 같은데 모두들 살이 쏙 빠져 있는 것이다. 부러웠다. 이것이 이분들을 보며 놀란 첫 번째 사건이었는데, 이후에 2차로 놀라는 일이 있었다.

시간이 좀 지나고 어느 모임에서 다시 만났더니 모두가 예외 없이 다이어트 하기 이전의 상태로 돌아가 있는 것이다. 더도 덜도 아닌, 딱 다이어트 하기 이전의 상태로 돌아가 있는 모습을 보면서 또 놀랐다. 그리고 정말 신기했다. 어떻게 한 명도 안 빼놓고 다 원래대로 돌아갈 수 있는 것인지. 이게 요요현상이다.

나도 경험이 있다. 한때 오후만 되면 우리 교회가 있는 송림중고등학교 운동장을 뛰었다. 그러면서 아침에 두부 먹고, 점심때도 두부 먹고, 저녁때는 닭 가슴살 먹고. 그렇게 해서 내 배 둘레를 확 줄인 적이 있다. 얼마나 기뻤는지 모른다. 그때 바지가 다 헐렁거리고 맞는 게 없어서 세탁소에 가지고 가서 다 줄였다. 그러나 얼마 지나지 않아서 내 허리 사이즈가 다시 예전 상태로 돌아갔다. 요요현상이 온 것이다. 바지를 좀 있다가 줄일 걸 괜히 서둘러 줄여서 그 덕에 지금은 바지들이 다 배가 얼마나 꽉 끼는지 모른다.

가슴 아픈 것은 요요현상이 살 뺄 때 육체적으로만 일어나는 게 아니라는 점이다. 요요현상은 영적으로도 일어난다. 그렇기 때문에 본문에서 보이는 삼손의 실망스러운 모습을 보면서 우리가 기억해야 하는 건 이런 우리 인간의 실체를 직시해야 한다는 것이다.

되돌아가고자 하는
본능을 직시하라

영적 요요현상과 관련해서 우리가 직시해야 될 것이 두 가지가 있다. 하나는 내적인 문제로, 우리 안에는 예전으로 되돌아가고자 하는 강한 본능이 꿈틀거리고 있다. 이것을 직시해야 한다.

요한복음 8장에 보면 간음하다 잡혀온 여자 이야기가 나온다. 그러면서 유명한 주님의 말씀이 나온다.

> 너희 중에 죄 없는 자가 먼저 돌로 치라 요 8:7

그런데 여기서 주의할 것이 있다. 한번 상상해보라. 간음하다 붙잡혀온 여자가 지금 돌로 쳐 죽이려고 흥분한 군중에 에워싸여 두려움과 공포에 벌벌 떨고 있는데, 그녀의 귀에 믿기지 않는 예수님의 음성이 들렸다.

"너희 중에 죄 없는 자가 먼저 돌로 치라."

두려워 떨던 그 여인 입장에서 주님의 음성은 너무나 놀라운 선포였는데, 심지어 그 선포를 들은 사람들이 하나둘 돌을 내려놓고 사라졌다. 이 또한 너무나 기적 같은 일 아닌가?

그런데 중요한 것은, 그런 상황에서 예수님이 하신 말씀이다. 뭐라고 말씀하셨는가? "사람들은 다 갔다. 이제 너도 가라"라고 하시지 않고 무서운 경고의 말씀 한마디를 덧붙여주셨다.

예수께서 일어나사 여자 외에 아무도 없는 것을 보시고 이르시되 여자여 너를 고발하던 그들이 어디 있느냐 너를 정죄한 자가 없느냐 대답하되 주여 없나이다 예수께서 이르시되 나도 너를 정죄하지 아니하노니 가서 다시는 죄를 범하지 말라 하시니라 요 8:10,11

예수님은 그 여자를 그냥 보내시지 않았다. 준엄한 경고의 말씀을 던지신 후에 보내셨다. 왜 그러셨는가? 원래 모습으로 돌아가려는 자기 내면의 본성과 그 죄성을 직시하지 않고는 또다시 수치의 자리에 빠질 수밖에 없는 게 인간이기 때문이다.

우리의 문제가 뭔지 잘 알지 않는가? 예배 때 은혜 받아 가슴이 터질 것 같고 과거에 저질렀던 죄에 대한 죄책감의 문제가 해결된 것이 너무 기쁜 나머지 "가서 다시는 죄를 범하지 말라"라고 하시는 주님의 경고의 말씀은 잘 들리지 않는 것 아닌가? 우리가 죄 사함의 은혜를 받았다면 주님의 준엄한 경고의 말씀이 우리 내면에 각인되어야 한다.

"가서 다시는 죄를 범하지 말라."

은혜 받는 것보다 은혜 유지하는 게 더 어렵다. 사사기 15장에서 삼손은 엔학고레의 감격을 누렸지만, 한 장을 건너기도 전에 원래보다 더한 상태로 돌아갔다. 주님의 종으로서 부끄럽게도 창녀와 놀아나는 타락의 자리에 빠진 게 은혜 받은 직후이다. 왜 이런 일이 일어나는가?

매년 특별새벽부흥회를 진행하다 보면 늘 은혜를 넘치게 받았다는 간증이 들린다. 바로 지난 특새 때 어떤 성도는 이런 고백을 하기도 했다.

"이번 특새가 저의 인생 특새였어요!"

또 교역자 한 명은 소그룹 모임을 하면서 특새 때 받은 은혜를 나누다 온통 눈물바다가 되어서는 은혜에 감사하고 감격했다는 얘기를 전해주었다. 그 소식이 반갑고 감사하기는 하지만 그런 소식이 들릴 때마다 나는 찬물을 끼얹는 한마디를 덧붙이곤 한다.

"이런 은혜가 넘치는 곳에 요요현상도 넘치느니라."

이것은 악담이 아니라 진리이다. 그렇기 때문에 우리는 은혜 받을수록 더욱 긴장하며 원래의 모습으로 돌아가려는 내 안의 죄성을 직시하고 하나님 앞에 더욱 은혜를 구해야 한다.

반복되는 유혹이 주는
강력함을 직시하라

그런가 하면 영적 요요현상과 관련하여 우리가 직시해야 할 위험이 하나 더 있는데, '반복되는 외부의 유혹'이 주는 강력함이다.

사사기 14장에 보면 삼손이 딤나에서 만난 여자와 결혼하는 과정에서 블레셋 사람들에게 수수께끼를 낸다. 그러면서 모시옷 30벌, 겉옷 30벌을 내거는데, 도저히 풀 수 있는 문제가 아니었다. 그래서 블레셋 사람들은 삼손과 결혼한 여자에게 "네 남편에게 답을 알아오라"라고 계속 협박했다.

삼손의 아내가 눈물로 호소하며 수수께끼의 답을 가르쳐달라고 하는데, 뭐든 처음에 입을 여는 법은 없다. 삼손도 그랬다. 그러나 집요하게 물어대는 통에 나중에는 삼손이 답을 가르쳐주게 된다. 그 과정을 담은 사사기 14장 17절 말씀의 의미가 굉장히 크다고 생각하는데, 이를 새번역으로 한번 보자.

> 그러나 그의 아내는 삼손에게 이레나 계속되는 잔치 기간에 '계속 울면서 졸라댔다.' 이레째 되던 날 삼손은 '드디어' 아내에게 수수께끼의 해답을 말해버리고 말았다. 삿 14:17

이것이 외부에서 반복되는 유혹의 강력함이다. 삼손이 들릴라에게 넘어가 눈 뽑히는 과정에서도 처음부터 바로 그렇게 넘어간 것이 아니었다. 사사기 16장 6절을 보자.

들릴라가 삼손에게 말하되 청하건대 당신의 큰 힘이 무엇으로 말미암아 생기며 어떻게 하면 능히 당신을 결박하여 굴복하게 할 수 있는지 내게 말하라 하니 삿 16:6

여기서도 들릴라가 묻자마자 삼손이 바로 답한 게 아니었다. 삼손은 계속 버텼다. 버티고 또 버텼다. 그런데 삼손이 버티는 것보다 들릴라가 더 집요하게 졸라댔기 때문에 결국 삼손이 넘어지고 만 것이다. 그 과정을 묘사한 사사기 16장 16절을 보라.

날마다 그 말로 그를 재촉하여 조르매 삼손의 마음이 번뇌하여 죽을 지경이라 삿 16:16

나는 이 말씀이 오늘 이 세대를 살아가는 예수 믿는 우리의 번뇌라고 생각한다. 세상의 유혹이 얼마나 집요하게 반복되고 있는가?

심리학 용어 중에 '에펠탑 효과'라고 있다. 지금이야 에펠탑이 명실 공히 프랑스의 랜드마크가 되었지만, 처음 에펠탑을 세울 때는 많은 예술가들과 시민들이 어마어마하게 반대했다고 한다.

"저런 흉물스러운 쇳덩이를 저렇게 크게 만들어 세우면 파리의 아름다운 경치를 다 망쳐버리고 말 것이다!"

그런데 그 반대를 무릅쓰고 에펠탑을 세웠더니 시간이 갈수록 에펠탑에 대한 호감도가 점점 커지는 것이다. 파리 시민들이 들어가면서 보고, 나가면서 보고, 계속 보고 또 보다 보니 눈에 익숙해지고, 눈에 익숙해지자 그렇게 형성된 친숙함이 호감을 가져다줬다는 것이다. 지금은 프랑스 사람 중에 에펠탑을 반대하는 사람은 거의 없을 것이다. 오히려 자랑스러운 상징이 됐다. 이것이 '에펠탑 효과'이다. 그러니까 처음에는 싫어하거나 무관심했지만 계속 반복 노출이 이뤄질수록 호감도가 증가하는 현상을 말한다.

우리 시대의 문화도 에펠탑 효과로 설명할 수 있다. 나는 60년대 초에 태어났기 때문에 내가 중고등학교, 아니 대학교에 다니던 시절만 해도 남자가 귀 뚫는 것을 본 적이 없다. 그런데 90년도에 들어서 청소년 사역을 한창 하고 있을 때 갑자기 젊은 남자들이 귀를 뚫기 시작했다. 그 모습이 굉장히 생소했다.

'저런 미친놈을 봤나. 여자도 아니고 무슨 남자가 귀를 뚫고 나타났나?'

이런 과격한 반응을 보이는 사람들도 꽤 많았다. 그러고 나서 시간이 꽤 흘렀다. 지금은 귀 뚫은 남자를 봐도 누구도 이상하게 생각하지 않는다.

이것이 에펠탑 효과이다. 여자만 귀를 뚫어야 한다는 생각에 사로잡혀 있던 상황에서 귀 뚫은 남자를 처음 봤을 때는 용납이 안 됐는데, 계속 반복해서 보다 보니 자연스러워진 것이다.

그리고 또 하나 있다. 남자들이 머리를 길러 꽁지머리를 하는 것이다. 이 모습 역시 처음에는 너무나 생소하고 우스꽝스럽게 보였다. 그런데 이것 역시 시간이 흐르면서 자연스러운 모습으로 자리 잡았다. 에펠탑 효과이다.

문신도 마찬가지다. 예전에는 동네 목욕탕에 '문신한 사람 출입 금지'라고 써 붙일 정도로 문신에 대한 거부감이 컸다. 그런데 지금은 야구선수도 문신하고, 축구선수도 문신하고, 가수들도 문신하고, 특히나 해외 스포츠 선수들을 보면 몸에 문신을 새긴 선수들이 정말 많다. 이런 식으로 문신을 새긴 사람들을 자꾸 보다 보니 이제 옛날 같은 거부감은 많이 사라졌다. 역시 에펠탑 효과이다.

이런 게 다 에펠탑 효과인데, 이 시대에 사탄이 사용하는 가장 강력한 무기가 바로 이 에펠탑 효과이다. 오늘날 예수 믿는 우리의 가치관이 얼마나 많이 바뀌고 있는가? 말로 다할 수 없이 빠르게, 많은 것들이 바뀌고 있는 중이다.

이런 점에서 청소년들이 걱정이다. 지금 어린 청소년들이 인터넷을 통해서 그리고 손에 들려 있는 스마트폰을 통해서 잘못된 가치관의 영향을 많이 받고 있다. 아직 세계관이 제대로 형성되지 않은 어린 청소년들 입장에서 에펠탑 효과처럼 자기 눈에 익숙한 것이 자기 삶의 기준이 되어버릴 것 같아서 마음에 염려가 많다.

옛날에는 저급한 세상 문화를 보기 싫으면 안 가면 되고, 안 보면 됐는데, 지금은 그게 되는 시대가 아니다. 인터넷 선을 타고 안방 깊숙이, 그리고 아이들 손에 들려 있는 스마트폰을 통해서 끊임없이 저급한 세상 문화가 우리 아이들에게 영향을 미친다.

그야말로 내우외환(內憂外患)이다. 내 안에서는 '예전으로 되돌아가고자 하는 강한 본능'이 꿈틀거리고 있고, 밖에서는 이런 본성을 아는 사탄이 끊임없이, 끊임없이 반복하여 공격하면서 에펠탑 효과를 노리고 있다. 이런 상황에 놓여 있다 보니 우리가 사사기 15장의 삼손처럼 하나님께 은혜 받고 '엔학고레'를 노래하고 하나님을 찬양했다 하더라도, 금방 16장의 삼손처럼 옛날로 돌아가버리는 일이 반복되는 게 현실이란 것이다.

그렇다면 이런 고민을 안고 살아가는 우리는 어떤 대안을 가질 수 있는가? 몇 가지로 정리해보자.

나 자신에 대해서는
조심, 또 조심

첫째, 나 자신에 대해서는 조심, 조심, 또 조심하는 수밖에 없다. 예수님은 말세에 우리가 해야 할 것에 대해 이렇게 가르쳐주셨다.

> 너희는 스스로 조심하라 그렇지 않으면 방탕함과 술취함과 생활의 염려로 마음이 둔하여지고 뜻밖에 그날이 덫과 같이 너희에게 임하리라 눅 21:34

덫과 같이 임할 그날에 죄짓는 인생이 되지 않도록 예수님이 가르쳐주신 비법은 복잡한 것이 아니다.

"조심해라. 조심 또 조심해야 한다!"

아주 간단하다. 아직 두 눈 뽑히는 비극을 경험하기 전이면 조심하고 또 조심하라는 것이다.

그런즉 선 줄로 생각하는 자는 넘어질까 조심하라 고전 10:12

몇 년 전, 이름이 알려진 목사님들이 계속 실족하고 넘어지는 일들이 일어날 때 내 안에 두려움이 몰려왔다. 나 역시도 연약한 인간이기에 실족하지 않기 위해 은혜를 구하고 또 구했다. 그리고 내가 한 것은 딱 하나였다. 조심하는 것이다. 사탄에게 빌미를 제공하지 않으려고 조심하고 또 조심하는 것이다. 스스로 삼가며 조심하는 것 말고 다른 방도가 어디에 있겠는가?

목회자뿐 아니라 모든 성도가 참으로 힘든 시대를 살아가고 있다. 이런 힘든 시대를 견뎌내기 위해서 우리가 해야 할 일은 딱 한 가지다. 주님이 말씀을 통해 경고하시는 것처럼 조심하고 또 조심하는 것밖에는 달리 대안이 없다.

지금 자신의 모습을 돌아보라. 혹시 너무 방심한 채 살아가고 있지는 않은가? 주님이 경고하신다.

"조심해라. 조심해라. 조심, 또 조심해라."

실천사항 1, 유혹의 고리를 차단하라

이런 주님의 말씀 앞에 우리가 반응하려면 몇 가지 실천사항이 있다. 첫째로는 반복되는 유혹의 고리를 차단해야 한다.

유혹이 많은 시대일수록 그 유혹에 노출이 안 되도록 해야 한다. 우리 아이들에게 내가 종종 하는 이야기가 있다.

"너희들이 음란한 동영상이나 글 같은 것들 때문에 못 견디겠거든 아빠에게 얘기해라. 아빠가 끊어주마. 우리 집 인터넷 자체를 아예 차단시켜줄게."

내가 노력해서 안 되면 끊는 게 가장 좋은 방법이다. 어른이라고 예외가 아니다. 자꾸 스마트폰 가지고 이상한 데 들어간다면 끊어라. 옛날 2G폰 가지고 전화 걸고 받는 데만 사용해도 사는 데 지장 없다. 하여튼 차단해야 한다.

그러려면 믿음의 공동체에 참여해야 한다. 서로서로 격려하고 위로하고 힘을 북돋아주어야 한다. 또한 항상 깨어 기도해야 한다.

예수님은 누가복음 21장 34절에서 "너희는 스스로 조심해라"라고 말씀하신 후에 이렇게 말씀하셨다.

이러므로 너희는 장차 올 이 모든 일을 능히 피하고 인자 앞에 서도록 항상 기도하며 깨어 있으라 하시니라 눅 21:36

하나님 앞에 도움을 구하는 기도야말로 가장 강력한 능력인 줄 믿는다.

실천사항 2, 과거에 주신 은혜를 기억하라

둘째로 과거에 주신 하나님의 은혜에 관한 기억을 되살려야 한다.

삼손이 15장에서 받았던 넘치는 은혜를, 엔학고레의 감격과 그 기쁨을 상기하고 떠올렸다면 16장에서 그렇게 창녀를 찾아가는 저속한 짓은 피했을 것 같다. 우리 안에 어떤 죄의 욕망이 꿈틀거리고 있는가? 지금까지 우리를 인도하고 베풀어주신 하나님의 은혜를 기억하라!

너는 조심하여 너를 애굽 땅 종 되었던 집에서 인도하여 내신 여호와를 잊지 말고 신 6:12

실천사항 3, 하나님의 도우심을 구하라

셋째로 하나님의 도우심을 구해야 한다.

나는 청소년 사역을 하면서 인간의 연약함을 뼈저리게 느끼는 순간이 많았다. 수련회 같은 걸 하면 청소년들이 얼마나 뜨거운지 모른다. 죄도 잘 짓지만, 회개도 잘하고 결단도 잘한다.

그래서 수련회 마지막 날이면 다 뒤집어진다. 난리 난다. 막 떼굴떼굴 뒹굴고, 어떤 아이는 시키지도 않았는데 강대상 앞으로 뚜벅뚜벅 걸어 나와서는 "내가 사실은 골초입니다. 오늘부터 담배를 끊기로 했어요"라고 하면서 담배를 막 꺾어버린다. 그러면 아이들이 박수 치고 난리가 난다. 언젠가 청소년 수련회를 인도하는데 당황 스러운 일이 일어났다. 그날 밤에 큰 은혜를 받은 한 아이가 담배를 끊겠노라고 결단하고 화단에 나가 짱돌로 자기 손가락을 내리친 것이다. 담배 끊겠다고 과격하게 결단한 것이다. 그런 결단의 모습 이 귀하기는 하지만 나는 안다. 그 결심은 시간이 지나면 곧 흔들 린다는 것을.

너무나 큰 은혜를 받고 사람들 앞에서 격정적으로 담배를 꺾었지 만 유혹에 못 이겨 다시 담배를 구입할 확률이 매우 높다. 담배 피 는 손가락을 찍어버리는 결단을 했지만 열흘만 지나면 왼손으로 핀 다. 담배를 꺾고 내다 버리는 게 중요한 게 아니다. 하나님의 은혜 와 도우심 없이는 내 의지로 절대로 끊을 수 없다.

이것이 어찌 금연하는 문제에만 해당되겠는가? 그렇기 때문에 하 나님의 도우심을 구해야 한다. 내가 자랑하던 결단력에만 기대지 말고 하나님의 은혜를 구해야 한다. 15장에서 삼손에게 엔학고레의 감격이 있었다면 그는 더 철저하게 하나님의 도우심과 은혜를 구했 어야 한다.

옛날 어른들이 은혜 받을 때마다 부르시던 찬양이 있다. 나는 이 찬양을 '못 하네 찬양'이라고 불렀다.

울어도 못 하네 눈물 많이 흘려도 겁을 없게 못 하고

죄를 씻지 못 하니 울어도 못 하네

힘써도 못 하네 말과 뜻과 행실이 깨끗하고 착해도
다시 나게 못 하니 힘써도 못 하네

참아도 못 하네 할 수 없는 죄인이 흉한 죄에 빠져서
어찌 아니 죽을까 참아도 못 하네

믿으면 되겠네 주 예수만 믿어서 그 은혜를 힘입고
오직 주께 나가면 영원 삶을 얻네

어른들의 지혜 아닌가? 우리에게 오늘 은혜가 임하고 엔학고레의
기쁨이 넘친다면, 더 이상 힘쓰려고 하지 말라. 참는다고 참아지는
게 아니고, 운다고 되는 것이 아니다. 하나님의 도우심을 구하는 믿
음이 작동되어야 한다.

다윗을 보라. 음주운전도 그렇고, 사기죄도 그렇고, 강력 범죄도
다 반복되는데, 다윗은 비록 밧세바라는 유부녀와 성적인 죄를 저
질렀지만 그 이후로 같은 죄를 반복하지 않았다. 그게 어떻게 가능
했는가? 나는 시편 51편에서 그 답을 찾는다. 눈물 나는 다윗의 회
개 가운데 이런 고백이 있다.

하나님이여 내 속에 정한 마음을 창조하시고 내 안에 정직한 영을 새롭게 하소서 나를 주 앞에서 쫓아내지 마시며 주의 성령을 내게서 거두지 마소서 시 51:10,11

지금 성적인 죄를 회개하는 과정에서 절박하게 부르짖는 게 무엇인가?

"성령을 내게서 거두지 마소서!"

도덕심이 아무리 강해도, 아무리 강력한 왕이라 해도 내 의지로는 무서운 죄의 유혹을 거둘 수 없다는 것을 철저하게 자각했기 때문에 다윗은 이렇게 고백한 것이다.

우리는 지금 절박하게 하나님을 의지하고 있는가? 삼손의 결정적인 실패가 이것이다. 15장에서 그렇게 엔학고레의 기쁨을 노래했지만, 그는 그 이후에도 망하기 직전까지 기도 한 번을 안 한다. 성경에서 삼손은 하나님의 도우심을 구하는 기도를 딱 두 번밖에 안 한다. 한 번은 앞에서 언급한 목마를 때, 그래서 엔학고레의 기쁨을 누렸을 때이고, 또 한 번은 언제인가? 눈 뽑히고 나서이다.

삼손이 여호와께 부르짖어 이르되 주 여호와여 구하옵나니 나를 생각하옵소서 하나님이여 구하옵나니 이번만 나를 강하게 하사 나의 두 눈을 뺀 블레셋 사람에게 원수를 단번에 갚게 하옵소서 하고

삿 16:28

눈 뽑히고 나서야 기도하는 삼손이 너무너무 어리석다. '눈 뽑히기 전에 기도 좀 하지, 눈 뽑히기 전에, 유혹당할 때 하나님의 은혜 좀 구하지' 하는 안타까움이 밀려든다. 눈 뽑히기 전에 우리 어른들처럼 울어도 못 하네, 힘써도 못 하네, 참아도 못 하네, 오직 은혜만이 이것을 가능하게 한다는 것을 알고 하나님께 부르짖었더라면 얼마나 좋았겠는가.

다행히 우리는 아직 눈 안 뽑히지 않았는가? 눈 뽑히기 전에 절박하게 하나님의 도우심을 구하고 은혜를 사모하는 우리 모두가 되기를 간절히 소망한다.

타인에 대해서는
연약함 이해하기

둘째, 반복되는 유혹의 시대를 살아가는 우리는 나 자신에 대해서는 조심, 또 조심해야 하는 한편, 타인에 대해서는 그 연약함을 이해해주어야 한다. 연약한 인간을 비판하고 정죄하기 이전에 그럴 수밖에 없는 인간의 연약함을 긍휼히 여겨야 한다는 것이다.

예수님은 이 땅에 오셔서 세 가지 중요한 사역을 행하셨다.

예수께서 모든 도시와 마을에 두루 다니사 그들의 회당에서 가르치시며 천국 복음을 전파하시며 모든 병과 모든 약한 것을 고치시니라

마 9:35

가르치시고, 전파하시고, 고치신 것이다. 그런데 중요한 것은 이렇게 예수님의 사역을 세 가지로 정리하고 난 다음 이어지는 말씀이다.

> 무리를 보시고 불쌍히 여기시니 이는 그들이 목자 없는 양과 같이 고생하며 기진함이라 마 9:36

예수님이 가르치시고, 전파하시고, 모든 병과 약한 것을 고쳐주신 세 가지 사역이 가능했던 근본적인 이유는 인간의 연약함을 탓하지 않으시고 그 연약함을 불쌍히 여기셨던 주님의 긍휼하심이 있었기 때문이다. 우리도 이것을 잊어선 안 된다.

우리가 이것을 기억하면서 우리 자신에 대해서는 긍휼이 많으신 주님을 더욱 의지하며 조심, 또 조심하기 바란다. 살얼음판 걷듯 방심하지 말고 살아가야 한다.

그런가 하면 약해서 넘어지고 자빠지는 주변 사람들을 향해서는 주님의 긍휼하심을 품고 '저 약한 게 인간이다'라며 그 연약함을 이해하고 불쌍히 여기는 마음으로 중보기도해주는 우리가 되기를 바란다. 그럴 때 너무나 연약한 우리가 유혹이 강렬한 이 시대를 살아갈 수 있다.

사사기 16장 1-3절

삼손이 가사에 가서 거기서 한 기생을 보고 그에게로 들어갔더니 가사 사람들에게 삼손이 왔다고 알려지매 그들이 곧 그를 에워싸고 밤새도록 성문에 매복하고 밤새도록 조용히 하며 이르기를 새벽이 되거든 그를 죽이리라 하였더라 삼손이 밤중까지 누워 있다가 그 밤중에 일어나 성 문짝들과 두 문설주와 문빗장을 빼어 가지고 그것을 모두 어깨에 메고 헤브론 앞산 꼭대기로 가니라

chapter 9

나를 믿지 말고 주를 의지하라

삼손과 관련해서 혹시 이런 생각을 해본 적이 있는지 모르겠다. 나는 고등학교 1학년 때부터 이 문제가 굉장히 풀리지 않는 의문이었다. 무엇인가 하면, 삼손이 들릴라의 유혹에 넘어가 머리 깎이고 눈 뽑히는 비참한 자리에 빠졌는데, 사실은 삼손이 그 이전부터 들릴라가 어떤 의도를 가지고 자기 힘의 비밀을 알려고 하고 있다는 사실을 눈치 채는 일이 여러 번 있지 않았는가?

예를 들어, 들릴라가 자꾸 "그 괴력의 비밀이 뭐냐? 비밀 좀 알려 달라"라고 캐묻자 삼손이 귀찮아서 거짓으로 알려주었다.

> 삼손이 그에게 이르되 만일 마르지 아니한 새 활줄 일곱으로 나를 결박하면 내가 약해져서 다른 사람과 같으리라 삿 16:7

그렇게 거짓으로 알려주자 바로 그다음 8절에서 들릴라가 어떻게 행동하는가?

블레셋 사람의 방백들이 마르지 아니한 새 활줄 일곱을 여인에게로
가져오매 그가 그것으로 삼손을 결박하고 삿 16:8

이쯤 되면 '이 여자 큰일 날 여자네!' 눈치를 채야 하는 것 아닌가? 그런데 이상하게도 삼손에게서는 그런 긴장하는 모습이 보이지 않는다. 그리고 들릴라의 유혹은 계속된다.

11절에서 삼손은 "사용하지 않은 새 밧줄들로 자기를 결박하면 힘이 약해진다"라고 둘러서 말한다. 그 말이 끝나자마자 12절에서 들릴라는 사용하지 않은 새 밧줄들로 삼손을 묶었다.

그 이후 자기 머리털 일곱 가닥을 베틀의 날실에 섞어 짠 것에 결박당한 일까지, 진짜 비밀을 알려주기 전에 이런 일을 세 차례나 경험하는데, 왜 삼손은 아무런 조치도 취하지 않고 끌려다니다가 결국은 들릴라의 유혹에 넘어가 눈이 뽑히는 비극의 자리에 빠지게 되는가?

나는 고등학교 때부터 이런 의문이 들면서 괴로웠다. 어지간하면 성경을 믿어주고 싶은데, 상식적으로 말이 되는 소리를 해야지 말이다. 나중에 신학교에 가서 신학 공부를 해도 이 문제의 답을 알 수 없었다.

그런데 이런 고민에 대한 답은 의외로 너무 쉽고 간단한 데 있었다. 그래서 이 부분을 먼저 설명하려고 한다.

자신을 과신하는 밧세바 신드롬

혹시 '밧세바 신드롬'이라는 용어를 들어봤는지 모르겠다. '밧세바 신드롬'은 미국 톨레도대학의 경영학 교수 두 명이 〈비즈니스 윤리 저널〉이란 곳에 "성공했다고 생각되는 리더들에게 왜 자주 윤리적 문제들이 발생하는가?"를 주제로 다룬 논문을 기고했는데, 거기에 나오는 용어이다. 그 논문의 제목이 '밧세바 신드롬'이었고, 부제가 '성공한 리더들의 윤리적 실패'였다. 그 논문에서 두 학자는 파워를 가진 사회 지도층의 도덕성 결핍증을 '밧세바 신드롬'이라고 명명한다.

밧세바가 누구인지 다 알지 않는가? 다윗이 우연히 목욕하는 여자를 보고 성적으로 죄를 짓는데, 그 여자가 밧세바였다. 그런데 이 두 학자가 주목하는 것이 뭐냐 하면, 다윗이 언제 그런 죄를 지었냐는 것이다.

알다시피 다윗은 어린 나이에 물맷돌로 골리앗을 죽여 위기에 처한 민족을 구해 민족의 영웅이 된다. 그 이후에 왕으로 있던 사울의 핍박 때문에 고난을 많이 당했지만, 결국 모든 공격과 고난을 다 이겨내고 왕으로 등극했다. 다윗은 목동으로 시작해서 왕으로 등극

하는 말 그대로 입지전적인 인물이 됐다.

다윗은 왕이 된 후에도 굉장히 성공적인 정치를 했던 대표적인 인물이다. 유대인들은 지금도 다윗 왕을 잊지 못한다는 얘기를 들었다. 그런데 그런 다윗이 언제 목욕하는 여자 밧세바를 보고 자기 삶 전체에 오점을 남기는 치명적인 죄를 저질렀는가? 바로 그가 왕으로서 전성기를 누리던 시점이었다.

나는 밧세바 신드롬이라는 용어를 김민주 대표라는 분의 인터넷 강의를 통해서 알게 됐다. 그 강의에서 그는 성공한 사람들이 망신을 톡톡히 당한 예를 쭉 열거한다. 예를 들어, 미국 상원의원이 외도로 아이를 두었다가 들통이 나서 망신을 당한 케이스, CIA의 국장이 자기의 전기를 쓴 작가와 불륜을 저질러서 파면당한 일, 프랑스 대선의 야당 후보로까지 거론될 만큼 승승장구했던 IMF 총재가 섹스 스캔들로 추락하는 비극에 빠진 일 등을 열거하고는 그 강사가 이런 질문을 던진다.

"수많은 사람이 그런 짓을 저지르다가 패가망신하는 것을 뻔히 보면서 왜 사람들은 그런 어리석은 짓을 계속하는가?"

이렇게 질문을 던져놓고는 답을 하는데, 답이 이렇다. 소위 성공했다는 사람들, 정점에 올라가 막강한 영향력을 발휘하는 리더가 되면 인간은 성공에 도취한다는 것이다. 그래서 "자신은 어떤 경우라도 이 모든 상황과 결과를 통제할 수 있다"는 과도한 자신감에 빠지게 된다고 한다. 이것이 밧세바 신드롬이다.

삼손이 바로 그 밧세바 신드롬에 빠진 대표적인 케이스란 것이다. 삼손은 평생 한 번도 져본 적이 없는 사람이다. 살아가면서 자기가 의도한 대로 되지 않은 일이 단 한 번도 없었다. 그러니 지금 들릴라라고 하는 예쁜 여자가 자꾸 자기를 유혹하니 그 여자가 가소로운 것이다.

'네가 그린다고 내가 유혹에 넘어갈 것 같으냐?'

어떤 면에서는 그렇게 유혹하는 들릴라가 귀여워 죽겠다고 느꼈을지도 모른다.

이렇게 방심하다가 결국 한순간에 무너져버리는데, 그렇게 머리털이 잘려 힘을 잃던 그 상황에서 삼손은 무엇을 하고 있었는지 아는가? 19절에 보니, 그때 삼손은 들릴라의 무릎을 베고 자고 있었다. 나는 이것이 상징적으로 많은 의미를 담고 있다고 생각한다. 지금 눈 뽑히고 인생 끝장나는 비극의 그림자가 벌써 자기 목구멍까지 왔는데도 불구하고 그 여자 무릎을 베고 자고 있었다는 게 무엇을 의미하는가? 방심하고 있었다는 것이다.

내가 마음으로 되뇌는 문장 중에 이런 게 있다.

"성공 안에 실패의 요인이 담겨 있다."

지금 우리가 돈 버는 일이든, 사회적으로 명성을 얻는 일이든, 혹은 나 같은 목회를 하는 일이든 간에 소위 성공했다는 평가를 듣는다면, 그 안에 실패의 요인이 같이 있다는 것을 인식해야 한다는 얘기이다.

우리는 다
밧세바 신드롬에 시달린다

사실 돌아보면 밧세바 신드롬은 꼭 삼손처럼 성공한 사람에게만 오는 것도 아니다. 우리 모두가 다 그런 증상이 있지 않은가? 예를 들어보자. 담배 피우면 폐암 걸려서 죽는다고 그렇게 호소를 한다. 그리고 요즘 담뱃갑에 보면 담배 피우다가 폐암에 걸린 흉측한 사진, 해골 같은 그림이 그려져 있다고 한다. 하지만 그런 끔찍한 그림으로 경고하는데도 불구하고 담배 피우는 사람이 얼마나 많은가? '나는 괜찮다'는 생각을 하니까 피우는 것 아닌가?

나는 오래전에 코미디언 이주일 씨가 폐암에 걸려서 죽기 직전에 찍은 공익광고가 기억에 남는다. 그는 깜짝 놀랄 만큼 초췌한 얼굴로 회한의 고백을 했다.

"담배 맛있습니까? 그거 독약입니다. 담배 끊어야 됩니다."

그렇게 호소하고는 얼마 안 있다 돌아가셨다. 이처럼 자기 목숨을 걸고 담배 끊어야 한다고 호소했지만 지금도 여전히 담배를 입에 물고 다니는 사람이 많다. 이주일 씨의 눈물겨운 호소가 왜 통하지 않는 것인가? 많은 사람들 마음에 "나는 담배 피워도 폐암 안 걸린다"는 방심이 자리 잡고 있기 때문 아닌가? 우리 모두가 밧세바 신드롬에 빠져 있는 것이다.

우리가 성경을 왜 읽는가? 성경을 통해 삼손이란 인물을 살펴보는 것은 '어리석은 놈 하나 있네'라고 하면서 옛날이야기를 들으려는 게 아니다. 하나님이 삼손의 사례를 성경에 기록해두셔서 우리에게도 이런 요인이 있다는 사실을 경고해주시는 것 아닌가? 이런 의미에서 누가복음 17장 27-29절을 보자.

노아가 방주에 들어가던 날까지 사람들이 먹고 마시고 장가들고 시집가더니 홍수가 나서 그들을 다 멸망시켰으며 또 롯의 때와 같으리니 사람들이 먹고 마시고 사고 팔고 심고 집을 짓더니 롯이 소돔에서 나가던 날에 하늘로부터 불과 유황이 비오듯 하여 그들을 멸망시켰느니라 눅 17:27-29

사람이 먹고 마시고 장가들고 시집가는 게 무슨 잘못인가? 다 그렇게 사는 것 아닌가? 이 말씀에서 경고하는 게 무엇인가? 마지막 때에 그렇게 방심하고 사는 모습을 지금 이렇게 표현한 것 아닌가?

우리가 교회에 다닌 지 오래고 주일 되면 어김없이 주님 앞에 나오지만, 지금 방심하고 살고 있는 사람이 너무 많다는 걸 잘 알고 있지 않은가? 먹고 마시고 장가가고 시집가고 사고팔고, 그 속에서 우리는 늘 마지막 때에 대한 두려움과 긴장감을 가져야 한다. 자칫하면 내 눈도 삼손처럼 저렇게 뽑히게 될지 모른다는 두려움이 있어야 한다. 마음의 두려움 없이 헤프게 살다 보니, 지금 너무나 많은 사람들이 예수 믿는다고 하지만 세상과 전혀 구별이 안 되는 이상한 삶을 살아가고 있는 것 아닌가?

또한 너희가 이 시기를 알거니와 자다가 깰 때가 벌써 되었으니…

롬 13:11

영적으로 마지막 때인 지금 현상을 보라. 한국뿐만 아니라 전 세계적으로 일어나고 있는 일들을 보면 모르겠는가? 지금 혼란 그 자체이다. 나는 우리 아이가 아이를 낳을 때쯤 되면 이 세상이 어떻게 변해 있을지 두려운 생각이 든다. 세상은 이처럼 상상하기 어려운 마지막 때를 향해 달려가고 있지만, 우리는 여전히 방심한 채 살아가고 있는 것은 아닌가 두렵다. 혹시 지금 우리의 모습이 마치 들릴라 무릎을 베고 잠에 취해 있는 삼손과 같은 모습은 아닌가? 우리는 이런 관점에서 본문을 잘 살펴야 한다.

특히 16장 1절 한 절 속에서 나는 너무 많은 메시지를 발견한다.

삼손이 가사에 가서 거기서 한 기생을 보고 그에게로 들어갔더니

삿 16:1

여기에 나오는 첫 마디 '삼손이 가사에 가서'가 굉장히 중요한 구절이다. 여기의 '가사'란 곳은 블레셋 최남단에 있는 곳이다. 그러니까 지도로 보면 가사는 맨 아래쪽에 있고, 이스라엘 국경은 블레셋 북쪽에 위치해 있다. 즉 위쪽에 있다. 즉 지금 삼손이 가사에 갔다는 것은 블레셋을 관통했다는 얘기이다.

생각해보라. 바로 앞 15장에서 삼손이 나귀 턱뼈로 수많은 블레셋 사람을 죽였기 때문에, 지금 블레셋 입장에서 삼손은 요주의 인물이다. 삼손이 기생집에 들어갔다는 사실이 알려지자 마을이 발칵 뒤집어지는 것을 보면 알 수 있지 않은가? 그런데 삼손은 블레셋의 북쪽에서 시작해서 최남단에 있는 가사까지 관통해 갔다는 것이다.

여기서 나타나는 삼손의 심리가 무엇인가? '나는 괜찮다'는 것이다. 자기들이 나를 어떻게 하겠느냐는 것이다. 그리고 또 실제로 블레셋을 관통하는 동안 삼손이 자신했던 대로 됐다. 아무도 삼손을 건드리지 못했다. 이런 모습을 보면서 무슨 생각이 드는가? 거침없는 모습이 너무 멋있게 느껴지는가? '남자가 이 정도는 돼야지' 하는 생각이 드는가? 불행하게도 삼손의 이런 방심이 두 눈이 뽑히는 비극을 초래한 원인이라는 사실을 잊어서는 안 된다.

차라리 블레셋을 관통하여 내려가는 과정에서 비참하게 두들겨 맞아 갈비뼈 부러지고, 다리 부러지고 했더라면, 그런 과정을 통해 긴장하고 조심하기 시작했더라면 삼손은 마지막에 그렇게 비참한 자리에 빠지지는 않았을 것이다. 그래서 성공 안에 실패의 요인이 있다는 것을 항상 명심하고 두려워해야 된다.

잘못된 시선의 부작용

그러면 그런 삼손의 과도한 자신감이 왜 문제가 됐는가? 밧세바 신드롬에 빠진 삼손에게는 치명적인 두 가지 부작용이 있었다.

첫째는 잘못된 시선이다. 1절을 다시 보라.

삼손이 가사에 가서 거기서 한 기생을 보고… 삿 16:1

삼손이 위험한 블레셋 지역을 관통하는 동안 그를 제지하는 사람이 없었던 '승승장구'가 왜 삼손을 망하게 하는 요인이 될 수밖에 없었는가? 만약에 삼손이 '가사'에 오는 과정에서 블레셋 사람들의 강력한 공격을 받아 죽을 고비를 넘겼다면 그 과정에서 '엔학고레'를 외치던 때와 같은 은혜를 구했을 것이고, 만약 그가 하나님 앞에서 그런 절박한 심정이 있었다면 '가사'에 가자마자 '거기서 한 기생을 보고'와 같은 방심은 피할 수 있었을 것이기 때문이다.

여기서 얻을 교훈이 있다. 삼손처럼 잘못된 자신감에 빠져 있는 사람들은 그 시선이 '기생'을 향해 돌아갈 수밖에 없다. 그러므로 현실적으로 자신의 영적 상태가 어떠한지 점검하려면 자신의 시선이 어디를 향하는지, 무엇에 관심을 갖고 바라보는지를 살펴보면 알 수 있다.

최근에 흥미로운 일을 하나 겪었는데, 나에게 월요일은 늘 육신적 피곤함과 두통으로 힘들게 보내는 날이다. 주일날 오후까지 예배를 인도하고 나면 어깨와 목이 단단하게 뭉친다. 목이 뭉쳐서 그런지 몰라도 월요일마다 두통이 오고 눈도 아프다. 자전거도 타보고, 등산을 해봐도 그때뿐이고 조금만 방심하면 또 두통이 오니, 월요일마다 고역이었다.

특새 때는 이런 증상이 더 심해진다. 주일부터 그다음 주일까지 8일 동안 16번의 설교를 해야 한다. 단 한 번의 설교도 가볍게 대할 수 없는 연중 가장 중요한 집회 설교이다 보니 긴장감이 보통이 아니다. 그러니 어깨가 뭉치고 굳어지는 증상도 심해진다.

특새가 진행되고 있던 주간에 아내가 내 어깨를 만져보더니 어깨가 너무 딱딱하게 굳어 있다고 놀라는 것이다. 그래서 금요일쯤 되니 '다음 주 월요일에 또 힘든 시간이 예상되는군' 싶었다.

그런데 우리 교회 성도 한 분이 교구 목사님을 통해서 연락을 주셨다. 자기가 어깨 뭉친 것을 마사지로 풀 수 있다고, 목사님이 싫어하시는 줄은 알지만 그래도 한 번만 부탁을 들어달라고, 거절하지 말아달라고 간곡히 연락을 하셨다고 한다.

"그러면 염치가 없지만 한번 받아보겠습니다."

그래서 토요일 새벽에 예배를 마치고 이분이 찾아오셨는데, 남자 중에도 덩치가 크고 손도 크신 분이었다. 그런 분이 내 어깨를 주무르는데 얼마나 세게 누르시는지 체면이 있어서 소리는 못 지르고 진짜 아파서 눈물이 날 뻔했다. 고맙게도 이분이 한 30분을 땀을 뻘뻘 흘리면서 얼마나 정성껏 마사지를 해주었는지 모른다. 그러고 나서 내일 한 번 더 해주겠다고 하셔서 다음 날 주일 예배를 마치고 또 한 번 그렇게 마사지를 받았다.

집에 돌아가자마자, 방금 고마운 성도 분이 어깨 마사지를 해주었다고 얘기하면서 아내에게 어깨를 만져보라고 했다.

"말랑말랑해졌네!"

뭉친 게 다 풀렸다. 그리고 기적이 일어났다. 다음 날 월요일에 일어났는데 두통이 없는 것이다. 그 기쁨은 아마도 겪어보지 않은 사람은 모를 것이다. 그날 우리 부부는 정말 오랜만에 데이트라는 것을 해보았다. 바닷가에 가서 우아하게 점심을 먹으며 시간을 보낼 만큼, 어깨가 안 아프고 두통이 없으니 너무 좋았다.

'와, 이런 방법을 내가 왜 그동안 모르고 있었지?'

그렇다고 그 분에게 매주 와서 마사지를 해달라고 부탁할 수는 없지 않은가? 그래서 인터넷에 검색을 해보았는데, 깜짝 놀랐다. 뭉친 어깨를 풀어주는 곳이 정말 많았기 때문이다. 더 놀란 게 뭔지 아는가? 검색 결과에서 맨 앞에 이름이 올라가 있고 잘한다고 소문난 곳의 주소가 내가 하루에도 몇 번씩 다니는 그 길목에 있는 건물 2층이었던 것이다. 그 골목길을 그렇게 자주 오가면서도 그 곳에 어깨 풀어주는 곳이 있다는 것을 전혀 깨닫지 못했다는 것이 신기했다.

왜 못 봤을까? 아니다. 분명히 봤을 것이다. 그럼, 왜 보고도 인식하지 못했을까? 마음에 품지 않고 건성으로 보니 의미 부여가 되지 않아서 그런 것이다. 이것이 무엇을 의미하는가? 마음에 품은 것이 눈에 들어온다는 말이다.

우리가 바라보는 것이
우리의 영적 수준이다

다시 말하지만, 하나님에 의해 건강한 통제를 받는 사람은 그 시선도 통제를 받는다. 아무리 오래 교회 다녀도 삼손처럼 가사에 가자마자 '기생'을 향해 시선을 옮기는 사람은 결코 건강한 신앙인이라 말하기 어렵다. 그러므로 짐짐하라. 지금 나의 시선이 어디를 향해 있는지를.

> 하늘에 계시는 주여 내가 눈을 들어 주께 향하나이다 상전의 손을 바라보는 종들의 눈같이, 여주인의 손을 바라보는 여종의 눈같이 우리의 눈이 여호와 우리 하나님을 바라보며 우리에게 은혜 베풀어주시기를 기다리나이다 시 123:1,2

우리 시선이 주께로 향하되, 마치 상전이 뭘 원하는지 민감하게 바라보는 종의 심정을 가지고 바라보고 있다면 그런 사람이 어떻게 엉뚱한 곳으로 곁눈질할 수 있겠는가?

그러니 하나님께서 도와주지 않으셔도 나는 아무 문제 없다는 식의 교만한 자신감을 내려놓고, 오직 은혜를 구하면서 주님께로 우리 시선을 옮겨야겠다.

> 믿음의 주요 또 온전하게 하시는 이인 예수를 바라보자 히 12:2

시선이 제대로 교정되는 것에서부터 영적 회복이 이루어질 줄 믿는다. 이런 차원에서 말씀을 묵상하면서 흥얼거렸던 찬양 하나가 내게 큰 울림이 됐다.

내게로부터 눈을 들어 주를 보기 시작할 때 주의 일을 보겠네
내 작은 마음 돌이키사 하늘의 꿈꾸게 하네 주님을 볼 때
모든 시선을 주님께 드리고 살아 계신 하나님을 느낄 때
내 삶은 주의 역사가 되고 하나님이 일하기 시작하네

이 가사 그대로 내 삶은 주의 역사가 되고 내 삶 속에 하나님이 일하시기 시작하는 시점이 언제인가? 내게로부터 눈을 들어 주를 보기 시작할 때이다.

삼손의 시선이 하나님을 향해 있고, 하나님께서 삼손에게 괴력을 주시면서 감당하기 원하셨던 사명으로 가슴 벅찬 상황이었다면, 삼손이 가사에 가자마자 창녀나 들여다보는 이런 어리석은 결과는 없었을 것이다.

롯이 아브람을 떠난 후에 여호와께서 아브람에게 이르시되 너는 눈을 들어 너 있는 곳에서 동서남북을 바라보라 창 13:14, 개역한글 성경

타락이 극심한 이 시대, 이 나라 대한민국에서 우리의 눈에 무엇

이 보이는가? 보이는 데마다 저질 업소, 유흥업소 들이고, 인터넷으로 검색하는 것마다 상상하기 어려운 저급한 것들이라면 그게 딱 우리의 영적 실력이고 수준이다. 시선을 옮겨야 한다. 지금 이 시대는 너무나 혼미하여 제대로 된 게 하나도 없는 지경이다. 그러나 그렇게 말만 하지 말고 오늘 이 시대를 향하여 하나님이 하시는 말씀을 듣자.

"너는 눈을 들어 너 있는 곳에서 동서남북을 바라보라"

할 일이 이렇게 많은 세상에서 하나님이 우리에게 주신 큰 사명으로 가슴이 떨리는 감격이 회복되기를 원한다면, 먼저 우리의 시선이 교정되어야 한다. 그러한 은혜가 우리 모두에게 있기를 간절히 축복한다.

제동장치의 부재

밧세바 신드롬에 빠진 삼손의 두 번째 치명적인 부작용은 제동장치의 부재이다. 밧세바 신드롬은 우리의 제동장치를 망가뜨리는 결과를 가져다준다. 16장 1절을 다시 보라.

> 삼손이 가사에 가서 거기서 한 기생을 보고 그에게로 들어갔더니
>
> 삿 16:1

성경은 이 부분을 이렇게 기록하지 않았다.

"가사에 가서 거기서 한 기생을 보고 삼손이 들어갈까 말까 망설이고 망설이다 못 참아서 그에게로 들어갔다."

삼손은 기생을 보고 망설이고 망설이다 들어간 게 아니라 보자마자 망설임 없이 바로 들어갔다. 뭐가 느껴지는가? 제동장치가 고장 나 있는 것이다. 통제가 안 된다. '욱' 하면 가야 한다.

다윗도 마찬가지다. 영적으로 무뎌지니 목욕하는 여자를 보고 제동이 안 된다. 뒷조사를 해보니 유부녀란다. 그러면 어지간하면 제동이 되어야 하는데, 이미 고장 나버린 제동장치 때문에 유부녀고 뭐고 통제가 안 되는 것이다.

이렇게 밧세바 신드롬에 빠지게 되면 하나님의 도우심을 외면한다. 왜 그런가? 내 힘으로 되는데 뭘 하나님을 의지하는가? 내가 우리 교회 교역자들에게 강조하며 부탁하는 것 중에 하나가 이것이다.

"설교와 목회를 잘할 수 있게 하는 예리하고 날카로운 목회의 도구를 원한다면 먼저 장만해야 하는 것이 하나 있다."

그러면서 들려주는 말이 이것이다.

"날카로운 칼을 갖고 싶은가? 먼저 칼집부터 마련하라."

칼집도 없으면서 예리한 칼을 구하면 그 칼로 폼은 좀 잡을 수 있을지 몰라도, 그 칼이 자기를 벤다는 것을 모르는 것이다. 칼집 없는 예리한 칼은 위험하다. 제동장치가 없는 스포츠카는 흉기이다.

절제의 칼집을
마련하라

성경은 우리가 꼭 장만해야 하는 칼집을 '절제'라고 설명하는데, 절제는 영어로 '셀프컨트롤'(self-control)이다. 선 없이 TV를 내 마음대로 조절할 수 있는 게 리모트 컨트롤이고, 내가 나를 조절하고 통제하는 힘이 셀프컨트롤이다.

내가 담임목사가 되어 보니, 우리 교회 부교역자들을 컨트롤하는 것은 그리 어렵지 않다. 어지간하면 담임목사의 말에 순종하려는 고마운 교역자들이 많아서 뭐라고 이야기하면 그래도 지키려고 애쓴다. 그런데 진짜 컨트롤하기 힘든 것은 나 자신이다.

그러므로 하나님께 구하고 또 구해야 할 덕목이 절제이다. 그런데 우리가 알아야 하는 것은, 우리 내면에 반드시 장착해야 할 소중한 덕목인 '절제'는 성령의 열매라는 사실이다.

> 오직 성령의 열매는 사랑과 희락과 화평과 오래 참음과 자비와 양선과 충성과 온유와 절제니 갈 5:22,23

성령의 열매 아홉 가지 중에서 맨 끝에 나오는 '절제'라는 열매를 갖추지 못한다면 앞에서 맺은 나머지 여덟 가지 열매를 다 쏟아버리는 결과를 초래한다. 나는 그 아름다운 사랑, 희락, 화평, 오래 참음, 자비, 양선, 충성, 온유 이 모든 것을 담는 그릇이 '절제'라고 생각한다.

갈라디아서 5장을 기록하던 당시 가장 중요한 윤리 덕목 중에 하나가 '절제'였다. 바울이 참 귀한 것이, 모든 사람이 절제를 아주 귀하게 여기던 그 시대에 이것을 영적인 문제로 가지고 와서 이 절제는 우리가 노력하고 몸부림친다고 되는 게 아니라 성령님이 주시는 선물이라고 기록한 것이다.

구약의 다윗이 이것을 증명해주는 인물이다. 다윗이 성령 충만할 때, 다른 말로 성령님에 의해 통제가 이루어질 때 일어난 일이다. 동굴에 숨어 있던 다윗에게 원수 사울의 목을 벨 수 있는 절호의 기회가 찾아왔다. 이런 절호의 기회를 놓칠 사람이 어디 있겠는가? 그런데 그 상황에서 다윗에게 믿기지 않는 셀프컨트롤이 이루어졌다.

'하나님이 세운 사람을 내 손으로 죽이지 않겠다. 하나님이 알아서 하실 것이다.'

다윗은 사울을 죽이지 않았다. 다윗은 원수를 죽이고자 하는 본능을 무서울 정도로 제어했다.

그런데 놀라운 것은, 이런 무서운 절제를 보여주었던 다윗이지만, 교만해져서 성령의 인도하심에 둔감해지자 목욕하는 여자를 보고 생겨나는 충동 하나를 절제하지 못해서 수치의 자리로 빠져버렸다는 것이다. 이 두 인물이 같은 인물이라는 게 믿기지 않을 정도이다. 그러므로 우리는, 우리를 통제하게 하는 '성령 충만'을 구해야 한다.

"하나님, 저는 제 스스로를 통제하기에 역부족입니다. 이런 저를 불쌍히 여기셔서 성령님이 주시는 절제를 열매 맺을 수 있게 도와주세요. 예리한 칼을 구하기 전에 이 예리한 칼이 저를 베지 못하도록 성령의 칼집을 구합니다!"

날마다 이런 간절한 기도를 드림으로 '절제'라는 성령의 열매를 많이 맺게 되기 바란다.

앞에서 언급한 히브리서 12장 2절을 나시 보라.

믿음의 주요 또 온전하게 하시는 이인 예수를 바라보자 그는 그 앞에 있는 기쁨을 위하여 십자가를 참으사 부끄러움을 개의치 아니하시더니 히 12:2

예수를 바라보라고 하는데, 예수님의 어떤 부분을 바라보라고 하는가? 십자가를 참으시는 예수를 보라고 한다. 말할 수 없이 고통스럽고 또 수치스러운 십자가이지만, 장차 이루어질 그 놀라운 영광을 아셨기 때문에 십자가를 참아내신 주님, 그 예수님을 바라보라는 것이다.

그 예수님을 바라볼 때, 주님은 우리에게 이 십자가의 능력을 허락하셔서 우리도 인내할 수 있게 도와주신다. 예리한 칼날이 나를 베지 못하도록 지켜주신다. 오늘 이 말씀이 우리의 삶 속에 실제적인 능력이 되기를 바란다.

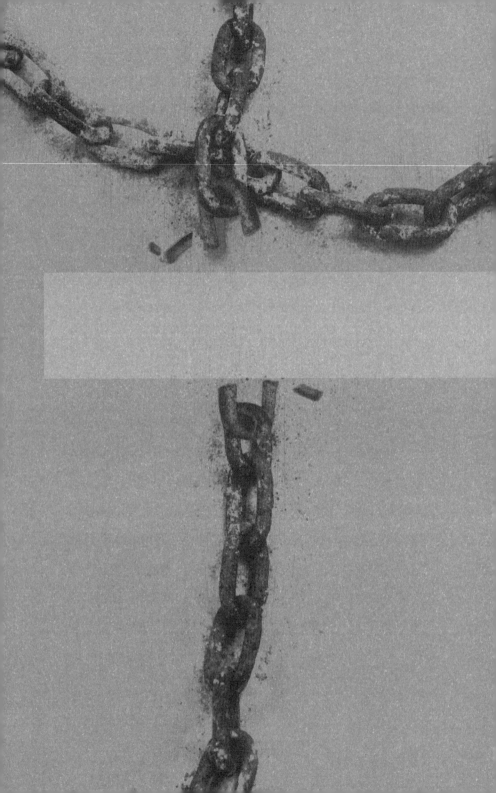

Part 3

여전히, 소망은 있다

들릴라가 삼손에게 이르되 당신의 마음이 내게 있지 아니하면서 당신이 어찌 나를
사랑한다 하느냐 당신이 이로써 세 번이나 나를 희롱하고 당신의 큰 힘이 무엇으로
말미암아 생기는지를 내게 말하지 아니하였도다 하며 날마다 그 말로 그를 재촉하여
조르매 삼손의 마음이 번뇌하여 죽을 지경이라 삼손이 진심을 드러내어 그에게 이르
되 내 머리 위에는 삭도를 대지 아니하였나니 이는 내가 모태에서부터 하나님의 나
실인이 되었음이라 만일 내 머리가 밀리면 내 힘이 내게서 떠나고 나는 약해져서 다
른 사람과 같으리라 하니라 들릴라가 삼손이 진심을 다 알려주므로 사람을 보내어
블레셋 사람들의 방백들을 불러 이르되 삼손이 내게 진심을 알려주었으니 이제 한
번만 올라오라 하니 블레셋 방백들이 손에 은을 가지고 그 여인에게로 올라오니라
들릴라가 삼손에게 자기 무릎을 베고 자게 하고 사람을 불러 그의 머리털 일곱 가닥
을 밀고 괴롭게 하여 본즉 그의 힘이 없어졌더라 들릴라가 이르되 삼손이여 블레셋
사람이 당신에게 들이닥쳤느니라 하니 삼손이 잠을 깨며 이르기를 내가 전과 같이
나가서 몸을 떨치리라 하였으나 여호와께서 이미 자기를 떠나신 줄을 깨닫지 못하였
더라 블레셋 사람들이 그를 붙잡아 그의 눈을 빼고 끌고 가사에 내려가 놋 줄로 매고
그에게 옥에서 맷돌을 돌리게 하였더라 그의 머리털이 밀린 후에 다시 자라기 시작
하니라

chapter 10

머리털은 다시 자란다

미국에서 대학 졸업 명연설로 꼽히는 연설이 세 편 있다고 한다. 2005년도에 있었던 스티브 잡스의 스탠퍼드대학교 졸업 연설과 2008년도에 해리포터 시리즈 작가인 조앤 롤링이 하버드대학교에서 했던 졸업 연설, 2011년도에 코난 오브라이언의 다트머스대학교 졸업 연설, 이렇게 세 편의 졸업 연설이 손꼽히는 명연설이다.

그런데 이 세 편의 명연설은 연사도 다르고 졸업하는 학생도 다르지만, 두 가지 공통점이 있었다. 하나는 '실패의 중요성'이고, 또 다른 하나는 '바닥을 친 후의 회복'을 강조하는 것이 그것이다.

이처럼 강의 내용에도 공통점이 있었지만 세 연설자들에게도 공통점이 있었는데, 세 연설자 모두 이론이 아니라 자신이 실제로 겪은 내용을 다루고 있었다는 점이다. 스티브 잡스는 대학 중퇴, 해고, 사업 실패와 같은 아픔을 많이 겪었고, 조앤 롤링은 가난 속에서 싱글맘 생활을 이어갔다. 코난 오브라이언도 17년 동안이나 일했던 방송사에서 떠나는 고난을 겪었다. 이렇게 세 사람 모두 벼랑 끝까지 몰리는 어려움을 경험했고, 또 그런 어려움을 잘 이겨내고 극복해서 우뚝 서게 되었다는 공통점을 갖고 있었다.

회복의 능력, 바운스 백

이런 내용들은 《바운스 백》이란 책에 나오는 내용인데, '바운스 백'(bounce back)이란 단어를 찾아보니까 사전에서 이렇게 설명하고 있다.

"병 혹은 곤경에서 다시 회복되다."

저자는 그 책에서 역경과 고난 속에서 회복된 수많은 사례를 열거해두었다. 내가 이 책에서 흥미를 느끼는 것은, 이렇게 실패와 역경 속에서도 다시 원래의 상태로 되돌아오는 힘, 즉 '회복력'은 어떤 의지력 강한 몇몇 특별한 사람에게만 있는 것이 아니라 대부분의 평범한 사람들에게도 내재되어 있는 인간의 기본적인 적응 시스템이라는 것이다.

예를 들면, 임상심리학자 조지 보나노(George A. Bonanno)는 9·11 테러, 자연재해, 사스(SARS) 등의 사건으로 자녀를 잃거나 또는 배우자를 잃은 슬픔을 당한 분들을 추적해서 연구했다. 일반적으로 생각하기에는 가까운 친구나 가족, 자식이 죽으면 평생 마음에 지울 수 없는 상처가 남을 것 같지만, 보나노가 연구해보니 그런 통념과는 달리 대부분의 사람들은 사별 이후에 다시 원래의 생활로 되돌아갔고, 또 놀라울 정도로 환경에 잘 적응하더라는 것이다. 이런 것들이 무엇을 이야기하는가? '바운스 백', 곧 아픔을 당하고 슬픔을 당할 때 원래의 상태로 되돌아가고자 하는 힘이 우리 같은 평범한 사람들에게도 다 내재되어 있다는 이야기이다.

바운스 백과 비슷한 용어로 '탄성력' 혹은 '회복탄력성' 등의 용어들이 있다. 탄성력을 심리학 용어 사전에서 찾아보니까 이렇게 풀이되어 있다.

"심각한 삶의 도전에 직면하고서도 다시 일어설 뿐만 아니라 심지어 더욱 풍부해지는 인간의 능력."

그러면서 이런 내용을 잘 설명하기 위해 소논문 하나를 붙여놓았는데, 그 논문의 앞부분은 이렇다.

"아동발달에 대한 초기 이론의 가정들 중 하나는 어려운 가정환경이 불가피하게 성인기의 건강하지 못한 성격 발달로 이어진다는 것이다."

이게 심리학에서 굉장히 중요한 기초 전제 아닌가? 어릴 때 부모로부터 사랑을 못 받았다거나, 극심한 어려운 환경에 빠지거나 하면 그것이 그 사람의 삶에 평생 영향을 끼친다는 게 일반적인 정설이다. 그런데 그 다음을 한번 보라.

"그런데 최근 몇몇 연구들은 어려운 유년기의 환경이 꼭 그 아이가 어른이 되었을 때 심리적인 문제들로 나타나지는 않는다는 것을 보여주었다. 사실 놀라운 것은 매우 힘든 가정에서 자라난 몇몇 어린이들이 꽤 적응적인 어른이 된다는 것이다. 이 연구들은 만성적 가난, 부모의 무관심, 부모의 정신병리, 학대 그리고 전쟁 중에 사는 것 등 힘든 환경에도 불구하고 어떤 집단의 아이들은 잘 성장한다는 비교적 일관적인 결과를 보였다. 하지만 이러한 발견은 어린 시절의 가정환경이 중요하지 않다는 증거가 되지는 않는다. 대신 이 발견은 몇몇 어린이들이 어려운 환경에 적응하는 법을 배우고 다른 어린이들에 비해 영향을 덜 받는다는 것을 알려준다."

좀 더 자세히 알아보고 싶어서 회복력과 관계된 책들을 몇 권 구입해서 읽어보았다. 이것들을 다 종합해보니 내용이 크게 두 가지로 정리되었다.

첫째, 하나님께서 우리 인간을 만드실 때 우리 내면에 '회복력', 다시 말해 어떤 좌절이 밀려오고 낙심된 상황이 찾아올 때 무너지지 않고 다시 일어설 수 있는 능력, 혹은 그것을 활용해서 더욱 풍성해지도록 하는 능력을 심어주셨다는 것이다.

둘째, 그런데 하나님께서 우리 내면에 장착해주신 회복력이 작동되는 사람이 있고, 작동되지 않는 사람이 있다는 것이다.

앞에서 소개한 책《바운스 백》의 프롤로그 제목은 이렇다.

"바닥에서 깨질 것인가, 튀어 오를 것인가?"

이 제목이 무엇을 전제로 하는가? 우리 인생이 똑같이 바닥으로 곤두박질쳤을 때 그냥 거기에서 깨진 유리처럼 산산조각이 나버리는 인생이 있는가 하면, 용수철처럼 튀어 오르는 인생이 있다는 것이다.

위기의 때,
신앙이 어떤 능력을 발휘하는가?

이런 내용들을 살펴보면서 느낀 것이 있다. 신앙이 주는 힘은 무난하고 평탄할 때, 배우자 잘 만나고 아이들도 부모 걱정 별로 끼치지 않고 잘 자랄 때는 나타나지 않는다.

결정적으로 그 사람 안에 진짜 복음의 능력이 있느냐 없느냐는 바닥으로 인생이 곤두박질쳐질 때, 가정이 깨질 것 같고, 자식은 억장이 무너지는 사고를 치고, 경제는 완전히 바닥으로 내려앉고 그럴 때 드러나는 것이다. 이때 '나는 깨진 유리 조각처럼 인생이 무너져버리는 삶인가, 아니면 용수철처럼 튀어 오르는 회복력이 있는 삶인가' 이것이 우리에게 신앙이 있느냐 없느냐를 결정짓는 잣대라고 생각한다.

예레미야애가 3장 22,23절에 유명한 말씀이 나온다.

여호와의 인자와 긍휼이 무궁하시므로 우리가 진멸되지 아니함이니이다 '이것들이 아침마다 새로우니' 주의 성실하심이 크시도소이다

애 3:22,23

이 말씀의 상황이 어떤 상황인가 하면, 나라는 망하고 백성은 적국에 포로로 끌려가있는 비참한 상황이다. 절망이다. 오죽하면 제목이 '예레미야애가' 곧 슬픔의 노래겠는가? 하지만 이런 절망적인 노래를 부를 수밖에 없는 상황인데도 불구하고, 한편으로 "여호와의 인자와 긍휼이 무궁하시므로 우리가 진멸되지 아니함이니이다 이것들이 아침마다 새로우니"라고 고백한다. 아침마다 새롭다는 게 뭘 이야기하는가? 저녁마다 절망하니까 아침마다 새로운 것 아닌가?

신앙은 한 번 은혜 받으면 수명이 평생 가는 그런 게 아니다. 분명히 지금 은혜 받고 가슴이 터질 것 같은 감격을 누리지만, 좀 이따가 집에 가면 또 절망이 밀려온다. 그래서 믿음은 아침마다 새로운 것, 한 번 은혜 받아서 끝이 아니라 하나님이 내 안에 심어주신 회복력이 다시 작동되는 것이다. 어제 저녁에 내 꼴이 너무 한심하고 억장이 무너져서 답답한 마음으로 잠자리에 들었는데, 오늘 아침에 이런 고백이 나오는 것이다.

"이것들이 아침마다 새로우니 주의 성실하심이 크시도소이다."

이 기능이 지금 작동되고 있는가? 우리 삶 속에서 "아침마다 새로우니"의 기능이 작동되지 않으면, 그것은 우리 신앙생활에 지금 뭔가 문제가 생겼다는 이야기다.

가장 절망적인 순간,
희망이 싹튼다

지금 삼손에 대해서 살펴보고 있는데, 이런 맥락에서 누가 나에게 "삼손과 관련된 기록 중에서 제일 흥미로운 구절이 무엇입니까? 한 구절만 말씀해주세요"라고 묻는다면 나는 주저하지 않고 사사기 16장 22절을 꼽을 것 같다.

그의 머리털이 밀린 후에 다시 자라기 시작하니라 삿 16:22

비록 상징적인 표현이긴 하지만 읽으면 읽을수록 이 말씀이 주는 묘미가 내 마음을 뜨겁게 한다. 이 말씀이 언제 등장하는가? 바로 앞의 21절을 보라.

블레셋 사람들이 그를 붙잡아 그의 눈을 빼고 끌고 가사에 내려가 놋 줄로 매고 그에게 옥에서 맷돌을 돌리게 하였더라 삿 16:21

삼손의 인생에서 가장 절망적인 순간일 것이다. 나귀 턱뼈 하나로 수많은 적을 죽이고 의기양양하던 그가 머리털 잘리고 눈 뽑히고 원수들의 조롱을 당하며 맷돌을 돌리고 있는 상황이다. 삼손에게 있어서 가장 절망적이고 비참한 상황인데, 바로 그다음에 나오는 말씀이 이 말씀인 것이다.

"그의 머리털이 밀린 후에 다시 자라기 시작하니라."

21절의 "블레셋 사람들이 그를 붙잡아 그의 눈을 빼고 끌고 가사에 내려가 놋 줄로 매고 그에게 옥에서 맷돌을 돌리게 하였더라"는 팩트이다. 지금 이것은 부인할 수 없는 현실이다. 그런데 부인할 수 없는 절망적인 현실인 21절로 기록을 끝내지 않고, 그 다음에 22절을 슬쩍 하나 더 덧붙여 놓는 게 성경이다.

여기서 내가 더욱 묘미를 느끼는 게, 머리카락은 너무 천천히 자라기 때문에 우리의 감각으로는 머리카락이 자라는 것을 알 수가 없다는 것이다. 우리의 감각으로는 도대체 이 머리카락이 자라는지, 자라지 않는지 알 수가 없다. 그러나 우리는 안다. 머리카락은 계속 자라고 있다는 것을.

나는 미용실을 한 달에 한 번 정도 간다. 한 달에 한 번보다 더 빨리 가야 하는 미용실은 귀찮아서 그 다음부터는 안 간다. 거의 한 달 정도를 버티고 가는데, 가끔 피곤해서 눈 감고 있다가 눈을 떠보면 머리를 엉망으로 만들어놓은 경우가 있다.

'얼굴도 안 되는데 머리까지 이래 가지고 어떡해야 되나?'

이런 생각을 하면 낙심이 밀려오지만, 그때 나에게 소망이 되는 말씀이 있다.

"그의 머리털이 밀린 후에 다시 자라기 시작하니라."

내 망친 머리 어떻게 할 거냐고 그 가게를 뒤엎고 달려들지 않는 이유는 머리카락이 다시 자라기 때문에 그렇다.

'한 달만 참자. 한 달만 지나면 엉망이 되어버린 내 머리카락이 다시 회복되리라.'

눈에 보이는 팩트, 지금 머리카락 잘리고 비참하게 눈 뽑히고 맷돌 돌리는 그 팩트밖에는 볼 수 없는 우리 인간이기 때문에, 성경은 너무나 친절하게도 22절을 부연해놓았다. 이 사실을 기억하자. 삼손처럼 머리카락 잘리고 힘 잃어버린 상황에 놓였다 하더라도 내 인생이 이렇게 끝나지 않는다는 소망을 가지고 힘을 내자. 초라하게 잘려버린 머리카락이지만, 머리카락은 다시 자란다.

이런 면에서 보면 우리가 잠시 넘어지는 것은 가능하지만, 그것은 절대로 우리를 절망으로 끌고 가지 못한다. 왜냐하면 다시 머리카락을 자라게 하시는 하나님께서 아침마다 새로운 은혜를 누릴 수 있게 해 주시기 때문이다.

이런 점에서 나는, 실패한 현실 속에서도 하나님께서 심어주신 회복력이 살아나고 작동되는 인생이 되기 원하는데, 이 회복력을 위해 우리가 해야 할 것을 두 가지로 나누고 싶다.

그럼에도 불구하고
소망으로 이끄시는 하나님을 기억하라

첫째, '그럼에도 불구하고' 소망으로 이끄시는 하나님을 기억해야 한다.

사실 21절은 삼손 인생에서 가장 비참한 상황이다.

"블레셋 사람들이 그를 붙잡아 그의 눈을 빼고 끌고 가사에 내려가 놋 줄로 매고 그에게 옥에서 맷돌을 돌리게 하였더라."

이것은 분명 절망이 맞다. 그러나 삼손의 이 비극적인 절망이 드라마틱한 대반전, 변장하고 찾아온 축복이 될 수 있는 조건이 하나 있다. 사실 우리의 미련하고 둔한 감각으로는 머리카락 잘리고 눈 뽑히고 맷돌 돌릴 때에야 비로소 자기 인생이 비참하다는 것을 깨닫게 되지만, 그러나 삼손은 머리카락이 잘리기 훨씬 이전부터 처참한 인생이었다. 그것을 상징적으로 보여주는 구절이 20절이다.

들릴라가 이르되 삼손이여 블레셋 사람이 당신에게 들이닥쳤느니라 하니 삼손이 잠을 깨며 이르기를 내가 전과 같이 나가서 몸을 떨치리라 하였으나 여호와께서 이미 자기를 떠나신 줄을 깨닫지 못하였더라 삿 16:20

암 중에서 가장 무서운 암이 '자각 증세' 없이 찾아오는 암이라고 하지 않는가? 건강검진에서도 발견하지 못할 정도로 조용히, 소리 없이 찾아와 자리 잡는 암이 가장 무서운 암이다. 그래서 대부분 초기에 치료할 기회를 놓치게 되는 것이다.

삼손이 가졌던 문제도 바로 이것이다. 여호와께서 이미 자기를 떠나신 지 오래 되었음에도 불구하고 그 사실을 인식하지 못할 만큼 영적으로 무디어져 있었다.

이런 면에서 보면 머리카락 잘리고 눈 뽑히는 절망적인 상황이 오히려 '변장하고 찾아온 축복'이 될 수 있다. 그런 고통스러운 일을 통해 자기 영혼이 피폐해진 심각한 상황을 자각할 수 있으니 말이다. 하지만 같은 맥락에서 '고통은 변장하고 찾아온 축복이다'라는 명제가 성립되기 위해서는 '그 고통을 통해 비참해진 자신의 내면을 들여다보는 계기가 된다면'이라는 전제 조건을 필요로 한다.

사무엘상 4장에는 본문 이상의 비참한 상황이 펼쳐져 있다. 당시 타락했던 이스라엘이 블레셋과의 전투에서 하나님의 임재를 상징하는 언약궤를 빼앗겨버렸다. 그리고 그 과정에서 영적인 지도자 엘리 제사장과 두 아들 홉니와 비느하스가 목숨을 잃는 비극이 일어났다. 그뿐만이 아니다. 임신하여 해산할 때가 가까웠던 비느하스의 아내는 비극적인 소식에 충격을 받고 해산하는 과정에서 목숨을 잃는다.

그의 며느리인 비느하스의 아내가 임신하여 해산 때가 가까웠더니 하나님의 궤를 빼앗긴 것과 그의 시아버지와 남편이 죽은 소식을 듣고 갑자기 아파서 몸을 구푸려 해산하고 죽어갈 때에 곁에 서 있던 여인들이 그에게 이르되 두려워하지 말라 네가 아들을 낳았다 하되 그가 대답하지도 아니하며 관념하지도 아니하고 이르기를 영광이 이스라엘에서 떠났다 하고 아이 이름을 이가봇이라 하였으니 하나님의 궤가 빼앗겼고 그의 시아버지와 남편이 죽었기 때문이며 또 이르기를

하나님의 궤를 빼앗겼으므로 영광이 이스라엘에서 떠났다 하였더라

삼상 4:19-22

원래 '가봇'이라는 단어는 '영광'이라는 뜻이다. 그런데 지금 비느하스의 아내는 얼마나 절망했던지 영광이라는 뜻의 가봇 앞에 '이'라는 부정어를 넣어서 아이 이름을 '이가봇', 다시 말해 '영광 없음'이라는 뜻의 이름을 지었다. 이 여인은 아들의 이름을 이렇게 너무나 절망적인 이름 '이가봇'이라고 짓고는 죽고 말았다.

이 여인의 절망이 이해되지 않는가? 남편도 죽고, 그렇게 의지했던 종교 지도자 시아버지도 죽고, 하나님 임재의 상징이라고 믿었던 언약궤는 적들에게 빼앗겼다. 아마도 제정신이 아니었을 것이다. 그런 상황에서 '이가봇'이라고 외쳤던 것은 너무나도 이해가 된다.

하지만 그 여인이 몰랐던 게 하나 있다. 그런 절망의 이가봇, 누가 봐도 하나님의 영광이 떠나버린 저주스러운 상황인데, 그런 상황에서도 하나님은 일하고 계셨다는 것이다. 어떻게 일하고 계셨는가?

사무엘이 자라매 여호와께서 그와 함께 계셔서 그의 말이 하나도 땅에 떨어지지 않게 하시니 삼상 3:19

여호와께서 실로에서 다시 나타나시되 여호와께서 실로에서 여호와

의 말씀으로 사무엘에게 자기를 나타내시니라 삼상 3:21

우리의 우둔한 육신의 눈으로 보면 희망이 없다. 절망이다. 이젠 끝이다. 남편이 죽었고, 시아버지도 죽었고, 언약궤도 빼앗겼으니 나라도 이제 끝이다. 어두운 그림자밖에 없다. 그런데 그런 절망적인 시대였음에도 불구하고 영안을 열고 봤더니 하나님이 사무엘을 준비시키고 계셨다. 엘리의 며느리는 이 사실을 보지 못했다.

이가봇 시대에도
하나님이 우리의 소망이 되신다

오늘 이 시대는 그야말로 이가봇 시대이다. 교회의 현실을 보라. 목회자들을 향한 비참한 평가들을 보라. 조금 과장하면 한국교회는 머리카락 잘린 삼손처럼 무기력해져 있는 상황이다.

교회가 이렇게 힘을 쓰지 못하고 있는 틈을 타고 아이들의 가치관을 흔들어대는 음란한 문화가 안방까지 침투해 들어왔다.

얼마 전에 어떤 드라마를 우연히 봤는데, 보다가 기절할 뻔했다. 여대생 다섯 명이 함께 생활하는 내용이었는데, 남자친구와의 섹스, 혼전임신 등 꼭 미국의 삼류 드라마에서나 나올 법한 얘기라고 생각했던 내용들이 한국 드라마에서 나오고 있는 것을 보고 깜짝 놀랐다. 교회가 힘을 잃고 무기력해져 있는 동안 사탄은 우리 아이들의 가치관을 잡아먹고 있었다.

"즐겨라! 섹스가 뭐가 잘못이냐? 사랑한다면 언제든 괜찮다. 오늘 만났든 내일 만났든 중요하지 않다."

이런 상황이다 보니 어린 청소년들의 가치관이 갈피를 못 잡고 있다. 이런 위기 속에서 이미 위상이 떨어져버린 교회와 목회자들은 아무런 영향력도 행사하지 못하고 있다. 이런 현실을 어떻게 하면 좋은가?

우선, 그 사실을 솔직하게 인정하고, 내 무기력함을 정직하게 고백해야 한다. 머리털 잘리고 힘 다 잃은 삼손 같은 우리의 모습을 정직하게 하나님 앞에 고백해야 한다.

"하나님, 오늘 우리 시대가 이가봇 시대 맞습니다. 하나님의 영광은 떠나버리고, 교회는 힘을 잃어버렸습니다."

그리고 나서 또 해야 할 것이 무엇인가? 교회가 힘을 잃고, 타락하고, 부패하여 능력을 잃어버린 시대이지만, '그럼에도 불구하고' 소망으로 이끄시는 하나님을 구해야 한다.

"이가봇 시대에 사무엘을 준비시키신 하나님, 이 교회 안에 사무엘을 허락하여주옵소서. 우리 아이들을 사무엘로 준비시켜주시기 원합니다."

소망은 우리에게 있지 않다. 살아 계신 하나님이 우리의 소망이 되신다. 머리털을 다시 자라게 하시는 그 하나님을 기억하는 것이 첫 번째 대안이다.

둘째, 절망 속에서 하나님이 심어주신 회복력이 작동되기 위해서는, 희망을 주시는 하나님께로 우리의 마음을 되돌려야 한다.

성경에 나오는 삼손의 이야기를 통해 흥미로운 것 하나를 발견했다. 하나님과 들릴라가 삼손에게 공통적으로 요구하는 것이 하나 있다는 것이다. "네 마음을 다오"이다.

이스라엘아 네 하나님 여호와께서 네게 요구하시는 것이 무엇이냐 곧 네 하나님 여호와를 경외하여 그의 모든 도를 행하고 그를 사랑하며 마음을 다하고 뜻을 다하여 네 하나님 여호와를 섬기고 신 10:12

네 마음을 다하고 목숨을 다하고 뜻을 다하고 힘을 다하여 주 너의 하나님을 사랑하라 하신 것이요 막 12:30

이처럼 하나님은 우리를 향해 일관되게 "네 마음을 다오"라고 요구하신다. 그런데 흥미로운 것은, 악한 세상을 상징하는 들릴라도 삼손에게 똑같은 것을 요구하고 있다는 사실이다.

들릴라가 삼손에게 이르되 당신의 마음이 내게 있지 아니하면서 당신이 어찌 나를 사랑한다 하느냐 삿 16:15

하나님도 우리의 마음을 원하시고, 악한 세상도 우리의 마음을 원한다. 그런데 중요한 것은 결과인데 사사기 15장 19절을 보라.

하나님이 레히에서 한 우묵한 곳을 터뜨리시니 거기서 물이 솟아나오는지라 삼손이 그것을 마시고 정신이 회복되어 소생하니 삿 15:19

삼손이 하나님께 마음을 드렸더니 하나님께서는 삼손에게 '회복과 소생'을 채워 되돌려주셨다. 그런데 삼손이 들릴라에게 마음을 주자 들릴라는 삼손의 눈을 뽑아버렸다.

이 차이를 알겠는가? 나는 교회를 담임하는 목사이다 보니, 악한 세상을 상징하는 들릴라에게 마음을 줬다가 눈 뽑히고 마음이 깨져버린 사람들을 수없이 만난다. 얼마 전에도 나와 연배가 비슷한 남성 성도 한 명이 찾아와 통한의 눈물을 흘리며 고백하는 모습을 아픈 마음으로 보았다. 겉모습은 높은 지위에 앉아 있는, 성공한 엘리트처럼 보였지만, 그 내면은 억장이 무너지는 회한의 눈물을 흘리고 있었다. 이런 일이 이 성도만의 문제일까?

오늘 본문을 통해 우리는 처절한 깨달음을 얻어야 한다. 아름답고 매력적인 모습으로 다가와 내 마음을 빼앗아가는 들릴라에게 속으면 눈 뽑힌 삼손처럼 초라해질 위험이 있음을 자각해야 한다.

이에 반해 하나님께 우리 마음을 드리면 들릴라로 인해 받은 상처를 치유해주신다는 것이다.

그런즉 너는 이스라엘 족속에게 이르기를 주 여호와의 말씀에 너희는 마음을 돌이켜 우상을 떠나고 얼굴을 돌려 모든 가증한 것을 떠나라 겔 14:6

내 아들아 네 마음을 내게 주며 네 눈으로 내 길을 즐거워할지어다 대저 음녀는 깊은 구덩이요 이방 여인은 좁은 함정이라 잠 23:26,27

하나님의 이 경고 앞에 정신을 차려야 한다. 우리가 세상에 마음을 주자 타락한 세상은 우리의 마음을 함부로 제멋대로 가지고 놀다가 깨뜨려버렸다. 들릴라에게 마음을 주었더니 내 마음을 제멋대로 가지고 놀다가 '브로큰 하트'(broken heart), 즉 마음을 깨뜨려버렸다. 너무나 많은 '브로큰 하트'를 보는 나에겐 이것이 가장 슬픈 단어이다.

오늘날 마음이 깨진 사람이 얼마나 많은가? 이렇게 마음이 깨져버린 우리에게 유일한 대안이 있다.

하나님께서 구하시는 제사는 상한 심령이라 하나님이여 상하고 통회하는 마음을 주께서 멸시하지 아니하시리이다 시 51:17

이 말씀을 새번역으로 보면 이렇다.

하나님께서 원하시는 제물은 깨어진 마음입니다. 깨어지고 짓밟힌 심령을, 하나님은 멸시하지 않으십니다. 시 51:17

범죄한 다윗이 찢겨진 마음을 가지고 하나님 앞에 나아갔는데, 하나님께서는 그 '상한 심령'을 기뻐하셨다.

오늘 우리가 살아날 수 있는 유일한 대안은, 바닥으로 내동댕이 쳐져 깨져버린 마음을 다시 회복하기 위해서는 깨진 마음 그대로 정직하게 하나님께 가져가야 한다.

"하나님, 들릴라에게 마음을 줬다가 마음이 깨져버렸습니다."

멀쩡한 척하고 있으면 안 된다. 괜찮은 척하고 있으면 안 된다. "형제여, 우리가 어찌할꼬"라고 회개하며 하나님께 깨진 마음을 가지고 나아가야 한다. 그럴 때 하나님께서 그 상한 마음을 기뻐하신다.

하나님이여 내 속에 정한 마음을 창조하시고 내 안에 정직한 영을 새롭게 하소서 시 51:10

다윗처럼 깨어진 마음을 하나님 앞으로 가지고 나아가서 '정한 마음'을 창조해주시는 하나님을 경험하기 바란다.

처음 만났던 곳,
갈릴리로 가라

마태복음 28장에 보면 두 여인이 예수님의 무덤을 찾는다. 부활하신 예수님은 그 두 여인에게 한 가지 부탁을 하신다.

> 예수께서 그들을 만나 이르시되 평안하냐 하시거늘 여자들이 나아가 그 발을 붙잡고 경배하니 이에 예수께서 이르시되 무서워하지 말라 가서 내 형제들에게 갈릴리로 가라 하라 거기서 나를 보리라 하시니라 마 28:9,10

지금 예수님이 두 여인에게 하는 부탁이 무엇인가?

"너희들, 내 제자들한테 가서 갈릴리로 가라고 전해라. 그곳에서 내가 만나겠다고 전해라."

왜 하필 갈릴리인가? "나 지금 여기에 있으니, 빨리 가서 여기로 오라고 해라"고 하지 않으시고 "갈릴리로 가라"고 하신 것은 뭘 의미하는가? 갈릴리는 제자들에게 예수님을 처음 만났던 장소이다. 부활하신 예수님이 베드로를 비롯하여 타락하고 변질하여 뿔뿔이 도망가 비참한 자리에 빠진 제자들에게 왜 갈릴리로 가라고 하셨는가? 등산을 하는 사람들은 알 것이다. 등산하다가 길을 잃었을 때 자기 감각으로 길을 찾겠다고 하면 큰일 난다. 길을 잃었다고 느끼는 그 순간 처음으로 가야 한다. 출발했던 그 장소로 가야 한다.

왜 갈릴리인가? 그곳이 예수님을 처음 만났던 곳이기 때문이다. 우리 가운데 "갈릴리에서 만나자"라고 하시는 주님의 음성이 필요한 사람들이 많다. 처음 남편을 만나고, 아내를 만났을 때 가슴 떨리던 그 첫사랑, 내가 어떤 상황에서도 다른 데로 눈 돌리지 않고 이 여자와 더불어, 이 남자와 더불어 행복한 가정을 만들리라는 그 약속만 지켰더라면 가정이 이렇게 안 됐을 것 아닌가? 위기를 만난 가정마다 가슴 떨리던 그 첫사랑의 자리를 다시 찾아가기 원하시는 것이다.

큰아이 임신하고 하나님 앞에 기도했던 것은 다 잊어버렸는가?

"하나님, 어떤 상황에서도 이 아이를 하나님의 이름의 능력으로 잘 키우겠습니다."

그렇게 기도하면서 아이를 해산했는데, 지금 그 자녀 문제로 신음하는 가정이 있다면 우리가 기억해야 할 것은 딱 하나이다.

"갈릴리로 가라."

분당우리교회를 처음 개척했을 때 고등학교 강당을 빌려 예배를 드리다 보니 입간판 하나를 세울 수가 없고, 그 큰 강당에 사람은 얼마 모이지 않아 에코가 울려서 설교가 잘 안 되는, 겉으로 보기에는 너무나 초라한 상황이었다. 그러나 예배가 끝나고 성도들이 다 돌아간 텅 빈 자리에 불 끄고 어두운 가운데 앉아서 "주의 영광 이곳에 가득해" 눈물을 흘리며 찬양했던 감격을 잊지 못한다.

"하나님, 사람 많이 모이고 적게 모이는 것이 중요한 게 아니라,

오늘 교회라는 이름으로 하나님께 드리는 이 공간이 주님의 영광으로 가득하기를 원합니다."

눈물 흘리며 찬양했던 16년 전과 달리 사람이 많이 모이고 이름이 알려지고 유명해져서 어느새 변질의 위험 앞에 아슬아슬하게 서 있는 나에게 하나님께서 종종 주시는 말씀이 바로 이것이다.

"이 목사, 갈릴리로 가라. 사람들이 얼마 모이지도 않고, 건물도 없고, 도대체 어른 목회를 해본 적도 없어서 답답한 가운데 이 목회가 어떻게 될지 걱정만 앞섰던 그 시절, 반주도 없이 홀로 눈물지으며 '주의 영광 이곳에 가득해' 찬양하던 그 갈릴리로 가라."

회복을 원하는가? 갈릴리로 가야 한다. 처음 주님을 만났던 그 감격의 자리로 가야 한다. 그 주님의 말씀을 기억하면서 기도하기 바란다.

"아버지, 진실로 회복을 원합니다. 아버지, 내 인생이 바닥으로 곤두박질쳐진 것 같지만 그렇게 깨져버린 인생이 아니라 다시 튀어 오르는 인생이 되기를 원합니다. 처음에 주님을 만났던 그 장소, 그 첫사랑의 자리 갈릴리로 가기를 원합니다."

그곳에서 회복의 은혜와 역사를 경험하게 되기를 바란다.

삼손이 여호와께 부르짖어 이르되 주 여호와여 구하옵나니 나를 생각하옵소서 하나
님이여 구하옵나니 이번만 나를 강하게 하사 나의 두 눈을 뺀 블레셋 사람에게 원수
를 단번에 갚게 하옵소서 하고 삼손이 집을 버틴 두 기둥 가운데 하나는 왼손으로 하
나는 오른손으로 껴 의지하고 삼손이 이르되 블레셋 사람과 함께 죽기를 원하노라
하고 힘을 다하여 몸을 굽히매 그 집이 곧 무너져 그 안에 있는 모든 방백들과 온 백
성에게 덮이니 삼손이 죽을 때에 죽인 자가 살았을 때에 죽인 자보다 더욱 많았더라
그의 형제와 아버지의 온 집이 다 내려가서 그의 시체를 가지고 올라가서 소라와 에
스다올 사이 그의 아버지 마노아의 장지에 장사하니라 삼손이 이스라엘의 사사로 이
십 년 동안 지냈더라

chapter **11**

이번만 나를 강하게 하사

삼손에 대해 설교를 준비하고 책을 준비하면서 계속 했던 질문이 있다.

'지금 이때 왜 삼손으로 메시지를 전하게 되었을까? 이것이 우리 성도와 이 시대를 살아가는 한국교회에 왜 필요한가?'

그런 생각을 하면서 정리를 하다 보니 로마 황제이자 철학자였던 마르쿠스 아우렐리우스의 명언이 떠올랐다.

"누군가의 과오가 못마땅하거든 즉시 자신에게로 돌아가서 너도 돈과 쾌락과 허튼 명성 등을 선으로 여김으로써 그와 비슷한 어떤 과오를 저지르고 있지는 않은지 반성해보라."

마르쿠스 아우렐리우스는 기독교를 아주 심하게 박해했던 황제 였다. 그러나 그토록 악한 왕도 이런 지혜로운 메시지를 전하는 것을 볼 수 있는데, 세상을 살아가다가 어떤 사람에게서 발견되는 악점이 있거든 즉시 '너도 그런 약점을 갖고 있다는 것을 깨닫고 자각하라'는 충고이다.

이런 맥락에서 보면 하나님께서 우리에게 성경을 주신 목표가 딱 그것이다. 하나님이 실패한 것처럼 보이는 삼손을 성경에 기록해놓은 것은 공개적으로 삼손을 망신주기 위해서가 아니다.

"이런 비참한 놈 봐라, 이런 놈도 있었다!"

이것을 드러내시려고 기록한 게 아니다. 삼손의 약점들을 살펴봄으로써 죄성을 가진 우리에게도 이런 약점이 내재해 있다는 것을 자각하게 하시기 위함이다. 그래서 그런 우(愚)를 범하지 않기 위해 우리가 하나님의 은혜를 구하게 하신다.

이런 점에서 우리가 실패한 삼손의 모습을 우리 자신의 삶에 투영해보는 것이 참 중요하다. 그러려면 삼손이 뭘 잘못했는지를 제대로 아는 것이 중요하지 않겠는가? 누가 나보고 "목사님, 삼손이 잘못한 핵심 한 가지만 말씀해보세요"라고 묻는다면 나는 이렇게 대답할 것이다.

"소중히 여겨야 할 것을 소중히 여기지 못한 것, 이것이 삼손의 치명적인 잘못이다."

마땅히 소중히 여겨야 할 것을 소중히 여기지 못한 것이 삼손의 잘못이라면, 그럼 삼손은 어떤 소중한 것을 소중히 여기지 못했는가? 두 가지로 정리해보았다.

첫 번째로, 삼손은 하나님께 받은 소중한 선물인 은사를 소중히 여기지 못하는 어리석음을 범했다.

사사기 13장에 보면 하나님이 왜 삼손에게 그런 괴력을 주셨는지 이유를 설명하는 대목이 나온다.

> 보라 네가 임신하여 아들을 낳으리니 그의 머리 위에 삭도를 대지 말라 이 아이는 태에서 나옴으로부터 하나님께 바쳐진 나실인이 됨이라 그가 블레셋 사람의 손에서 이스라엘을 구원하기 시작하리라 하시니 삿 13:5

아직 태어나기도 전인 삼손을 향한 하나님의 꿈이 무엇인가? 그가 블레셋 사람의 손에서 이스라엘을 구원하기 시작하리라는 것이다. 그 사명을 부여해주신 하나님께서는 가슴 벅찬 기대감을 가지고 삼손을 바라보고 계신 것이다.

하나님은 이렇게 원대한 꿈과 기대를 가지고 그를 이 땅에 보내주셨다. 그러나 불행하게도 삼손은 하나님이 주신 그 놀라운 선물, 그 소중한 은사를 여자 뒤꽁무니 쫓아다니는 데 다 허비해버리고, 결국은 머리 깎이고 눈 뽑혀 감옥에서 맷돌 돌리는 비참한 신세로 전락해버렸다.

앞에서 언급했던 마르쿠스 아우렐리우스의 조언을 따라서 삼손에게서 발견되는 그 약점이 우리에게도 있을 수 있다는 것을 점검한다면, 당신은 이것을 어떻게 적용하겠는가? 나는 분당우리교회를 목회하는 담임목사이다 보니, 삼손에 대해 살펴보면서 두려움을 가지고 분당우리교회를 돌아보았다.

벌써 책에도, 설교 때도 여러 번 고백해서 많은 분들이 알겠지만, 내가 처음 교회를 개척할 때만 해도 하나님께서 이렇게 놀라운 교회를 일으켜주실 것이라고는 아무도 몰랐다. 돌아보면 하나님은 지난 16년간 분에 넘치도록 큰 은혜와 은사를 분당우리교회에 부어주셨다.

그럼 나는 무엇을 두려워해야 하는가? 하나님의 은혜를 그저 큰 교회 만들었다고 떠벌리고 과시하는 데 사용하고, 그 귀한 헌금을 엉뚱한 곳에다 사용하고 있지는 않은지 두려워하면서 돌아봐야 하는 것이다.

하나님께서는 우리에게 주신 작은 것을 기뻐하고, 소중히 여기고, 감사하는 사람에게 점점 더 많은 것을 주신다는 것을 우리는 삶 속에서 경험으로 알고 있다. 삼손의 실패가 바로 이 부분이란 것이다. 하나님이 다른 사람에게 주지 않은 놀라운 하나님의 은사들을 삼손에게 부어주셨는데, 그는 그것을 귀하게 여기지 않았다.

이런 차원에서 오늘 우리는 우리 자신을 깊이 돌아보아야 한다.

'하나님은 내게 어떤 것을 주셨는가? 왜 주셨는가? 내가 놓치고

있는 것은 없는가? 주신 이것을 가지고 하나님은 내 삶에서 무엇을 이루기 원하시는가?'

심각하게 돌아보아야 된다.

최근에 이 시대 최고의 지성이라 일컫는 유명 인사들의 강의를 묶어놓은 인문학 서적 《어떻게 살 것인가》란 책을 보았는데, 그 책 앞부분에 이런 내용이 나온다.

"만약 인문학적 성찰이 '나는 누구인가'에만 머무른다면 그것은 매우 이기적인 일일지도 모르겠습니다. 인문학은 자기 성찰에서 출발해 이웃과 세상 사람들, 그리고 사회 속에서 행동하고 실천하는 작업까지 이어져야 합니다."

오늘 우리가 그리스도인으로서 세상 사람들에게 욕먹는 이유를 이 설명에서 발견한다. 인문학적 성찰이 '나는 누구인가'에만 머물면 안 된다고 하는데, 하물며 놀라운 십자가 은혜로 구원받고 변화받은 우리는 오죽하겠는가?

최소한 '나는 누구인가'부터 정리가 되어야 '나는 삼손이다. 하나님이 다른 사람들에게 주지 않으신 놀라운 은사를 내게 주셨다. 왜 주셨는가? 이것을 가지고 고통당하는 우리 민족을 구하는 일에 쓰임 받도록 하셨다'라고 고백할 수 있는데, 이것이 안 되어 있는 것이다.

우리는 정말 뼈아프게 자기를 돌아봐야 한다. 우리는 구원받은 하나님의 자녀로서 자기 인식이 있는가? 정말 있는가? 구원받은 하나님의 자녀로서의 긍지가 있는가?

그리고 그 긍지에만 머물면 안 된다. '나는 누구인가'라는 인문학적 성찰이 이루어졌다면, 이제 이것을 이웃과 세상 사람들 그리고 사회 속에서 행동하고 실천하는 작업으로 연결시켜야 된다. 오늘 성령님이 우리 모두에게 이 깨달음을 허락해주시기를 바란다.

하나님의 함께하심을 소중히 여기지 못한 어리석음

그런가 하면 두 번째로, 삼손은 '하나님의 함께하심'이 얼마나 소중한 것인가를 모르고 놓쳐버렸다는 것이다. 사사기 16장 20절에 보면 삼손이 결정적으로 뭘 잘못했는지를 알 수 있다.

들릴라가 이르되 삼손이여 블레셋 사람이 당신에게 들이닥쳤느니라 하니 삼손이 잠을 깨며 이르기를 내가 전과 같이 나가서 몸을 떨치리라 하였으나 여호와께서 이미 자기를 떠나신 줄을 깨닫지 못하였더라 삿 16:20

얼마나 하나님 임재의식이 없었으면 그랬겠는가? '내가 괴력이 있는 게 중요하지, 하나님이 나와 함께하시고 안 하시고가 뭐가 중요해?'라고 생각하며 하나님의 임재를 소홀히 한 데서 나타난 결과이다.

하나님의 임재의식을 회복하는 게 왜 중요한지 아는가? 마태복음 1장에 보면 예수 그리스도가 왜 이 땅에 오셨는지 그 의미를 부여하는데, 이렇게 부여한다.

보라 처녀가 잉태하여 아들을 낳을 것이요 그의 이름은 임마누엘이라 하리라 하셨으니 이를 번역한즉 하나님이 우리와 함께 계시다 함이라 마 1:23

성경은, 또 하나님께서는 예수 그리스도가 이 땅에 오신 사건의 의미를 한마디로 '하나님이 우리와 함께 계시다는 것'을 보여준 사건이라고 표현한다. 그렇기 때문에 우리가 아무리 믿음이 좋다고 해도 우리 삶 속에서 하나님의 함께하심을 인식하지 못하고 살아간다면 우리는 결코 성숙한 그리스도인이라 할 수 없다.

아무리 청산유수같이 설교를 잘하는 설교자라 하더라도 그가 임마누엘 하나님이 우리와 함께하신다는 게 뭔지 모르고 설교한다면, 그는 비참한 설교자다.

성도들도 마찬가지다. 지금 임마누엘의 하나님께서 우리와 함께하심을 알지 못한 채 신앙생활을 하고 있다면 얼마나 비참한 크리스천인가? 삼손이 놓쳤던 그 소중한 것, 오늘 우리의 삶 속에 함께하시는 하나님을 인식하고 그것이 내게 큰 복이 됨을 깨닫는 우리 모두가 되기를 바란다.

하나님의 함께하심을 인식한다는 것이 얼마나 소중한지를 살펴보자. 구약 여호수아서에 보면 모세가 죽고 여호수아를 그 후계자로 세우는 장면이 나오는데, 그때가 얼마나 중요한 시점인가? 광야 생활을 청산하고 이제 가나안을 정복해야 하는데, 그 중요한 임무를 맡아서 행할 후계자로 여호수아를 세우면서 하나님이 주시는 첫 메시지가 무엇인가?

네 평생에 너를 능히 대적할 자가 없으리니 내가 모세와 함께 있었던 것 같이 너와 함께 있을 것임이라 내가 너를 떠나지 아니하며 버리지 아니하리니 강하고 담대하라 수 1:5,6

지금 하나님께서 여호수아에게 당부하실 말씀이 얼마나 많으시겠는가? '리더십은 이런 것이다' 하면서 끝도 없이 당부하고 싶은 게 많으실 텐데, 하나님께서는 간략하게 말씀하셨다. 요즘 식으로 말하면 하나님은 이렇게 말씀하신 것이다.

"모든 것을 다 거두절미하고 내가 한마디만 하겠는데, 네가 모세의 길을 이어서 훌륭한 목사가 되기를 바란다면 이것만 기억해라. 하나님의 임재하심, 어떤 경우에도 하나님이 너를 떠나지 않는다는 사실, 이것 하나만 기억하거라. 네 스승 모세가 어떻게 그렇게 목회를 잘했는지 아니? 그는 내가 그와 함께하고 있음을 철저하게 인식했기 때문이야."

오늘 성령님이 초자연적으로 일하셔서 하나님이 여호수아에게 주셨던 이 당부의 말씀이 우리에게 선포되기를 원한다.

자꾸 두렵고 불안한 사람이 있는가? 여호수아서 1장 5,6절의 메시지가 들려지기 원한다.

'내가 모세와 함께했던 것처럼, 내가 네 아버지와 함께했던 것처럼, 내가 네 어머니와 함께했던 것처럼, 네 가정에 위기가 찾아올 때 네 부모가 하나님의 임재의식으로 그 두려움을 극복했던 것처럼 내가 너와 함께한다는 사실을 꼭 기억하기를 바라노라.'

삼손의 불행이 이것이다. 그는 사람들이 부러워하는 괴력, 누구라도 무찌를 수 있는 외적인 능력만 자기의 강점이라고 생각했지, 자기 안에 내재해 계시는, 겉으로 드러나지 않는 하나님의 함께하심을 소중히 여기지 않았다. 삼손의 어리석음을 우리의 모습으로 되돌아보는 시간이 필요하다.

가장 비참한 때
가장 중요한 것을 깨닫다

삼손은 비록 힘이 있을 때 하나님이 함께하심을 소중히 여기지 못해서, 또 소중히 여길 것을 소중히 여기지 못해서 비참한 자리에 빠졌지만, 감옥에서 맷돌 돌리고 적들의 조롱거리가 됐을 때 그는 한 가지 사실을 뼈저리게 자각했다. 그것이 바로 28절에 나오는 삼손의 기도에 묻어나 있다.

삼손이 여호와께 부르짖어 이르되 주 여호와여 구하옵나니 나를 생각하옵소서 하나님이여 구하옵나니 이번만 나를 강하게 하사 나의 두 눈을 뺀 블레셋 사람에게 원수를 단번에 갚게 하옵소서 하고

삿 16:28

삼손이 드리는 이 기도 속에 나오는 '나를 생각하옵소서'나 '이번만 나를 강하게 하사'와 같은 표현들이 무엇을 의미하는가? 바로 이런 표현들을 통해 '하나님의 주권'을 인정하고 있는 삼손의 변화된 태도를 발견할 수 있다.

어떤 면에서는, 잘나갈 때는 절대 기도 하지 않던 삼손이었기에, 그 위기의 순간에 하나님께 간절히 기도하는 것 자체가 하나님의 주권을 인정하는 변화된 태도를 말해주는 것이라 할 수 있다.

창세기 28장에 보면 야곱이 일생일대의 위기 앞에서 인생의 중대한 한 가지 깨달음을 얻는 장면이 나온다.

야곱이 잠이 깨어 이르되 여호와께서 과연 여기 계시거늘 내가 알지 못하였도다 창 28:16

야곱은 잔꾀 부려서 형을 속이고, 아버지를 속이고, 세상적인 방법으로 성공을 향하여 목마르게 달려가다가 덫에 걸려 광야에 내던져졌다. 그가 돌을 베고 누웠을 때 그 절망적인 상황에서 깨달았던

게 이것이다.

"여호와께서 과연 여기 계시거늘."

지금 삼손이 눈 뽑히고 감옥에서 맷돌 돌리면서 '내가 하나님의 임재를 소중히 여기지 못했구나'라는 걸 깨닫게 되는 것과 같은 이치 아닌가?

고난당한 것이 내게 유익이라 이로 말미암아 내가 주의 율례들을 배우게 되었나이다 시 119:71

고난당한다고 다 야곱이나 삼손처럼 자기 약점을 깨닫게 되는 건 아니다. 대부분의 인간은 미련하여 고난은 고난대로 당하면서 유익은 하나도 못 누린다. 왜 그런가?

형통한 날에는 기뻐하고 곤고한 날에는 되돌아보아라 전 7:14

성경은 고난이 유익이 되는 비결을 곤고한 날에 되돌아보는 것이라고 가르친다. 곤고한 날에는 깊이 생각해야 한다.

지금 낙심 중에, 곤고한 중에 억장이 무너지는 마음으로 잠 못 이루는 사람이 있다면, 지금이야말로 내가 왜 이런 아픔을 겪게 되었는지 깊이 되돌아보고 점검해야 하는 시간인 줄 믿는다. 이 고난을 잘 활용하면 우리의 인생도 시편기자처럼 "고난당하는 것이 내게 유

익이었습니다. 시편 119편 71절의 말씀이 옳았습니다"라고 고백할
수 있게 될 것이다. 그런 복된 주님의 자녀들이 다 되기를 바란다.

나를
생각하옵소서

삼손은 그렇게 고난 중에 깨닫고 나서 이제 하나님께 기도를 드린
다. 삼손이 드리는 28절의 기도에서 나는 그가 외치는 두 마디에 눈
길이 갔다.

첫 번째는 "나를 생각하옵소서"이다.

> 삼손이 여호와께 부르짖어 이르되 주 여호와여 구하옵나니 나를 생
> 각하옵소서… 삿 16:28

이것을 영어성경으로 보면 'remember me'라고 되어 있는데, 이
표현이 참 의미가 있다. 예수님이 십자가상에 계실 때 오른편의 강
도가 숨을 거두기 전 무엇을 구했는가?

> 이르되 예수여 당신의 나라에 임하실 때에 나를 기억하소서 하니
> 눅 23:42

이 부분이 영어로 'remember me'로 삼손의 기도와 같은 표현이

다. 오늘 우리가 절망하고 비참한 자리에 빠질 때, 복잡한 기도 필요 없다.

"하나님, 나를 기억하여주시옵소서."

최근에 모 기독교 방송에서 어느 여배우가 간증하는 것을 보게됐다. 이름만 대면 다 알 만한 유명 여배우였다. 승승장구하던 그 여배우가 어느 날부터 연기가 안 되었다고 한다. 슬럼프가 온 것이다. 발버둥을 칠수록 더 어렵기만 했다. 우울증과 공황장애에 시달렸고, 마음이 너무 괴롭고 힘들어서 예수님을 믿는데도 불구하고 술과 담배에 의지했다고 한다.

교회에 나가 앉아 있어도 은혜가 안 되고, 목사님이 "결론을 맺겠습니다" 하시고는 끝을 안 맺고 계속 설교를 하면 막 화가 났다고 한다. 그렇게 의미 없이 예배를 드리던 어느 날, 예배를 다 마치고 성도들이 크게 통성기도를 하는 가운데 갑자기 눈물이 툭, 툭, 툭 터졌다고 한다. 그러면서 하나님 앞에 신음하듯이 딱 하나만 되뇌었다고 한다.

"살려주세요. 살려주세요. 하나님, 저 좀 살려주세요."

그렇게 부르짖자 하나님께서는 그녀를 회개의 자리로 이끄셨다.

"전 죄인입니다."

그녀가 고백하기로 자기는 그때껏 자기가 죄인이란 사실을 정말 몰랐다고 한다. 그런데 그날 갑자기 성령께서 임하셔서 회개가 터진 것이다. 자신이 너무나 죄인이란 사실을 고백하게 만드신 그날,

그 은혜를 경험하고 나서 그녀는 완전한 회복과 자유를 맛보게 되었다고 한다.

진짜 하나님 앞에서 절박하면 복잡한 얘기 안 나온다.

"살려주세요. 살려주세요. Remember me! 나를 기억해주세요, 주님!"

오늘 이런저런 아픔을 겪고 있다면, 이래도 일이 안 풀리고 저래도 일이 안 풀려서 오랜 낙심 중에 있다면 이 기도를 기억해야 한다. 심지어 말씀이 귀에 들어오지 않고, 예배가 은혜가 되지 않는 영적 침체가 온다 할지라도 우리는 사모해야 한다. 주권적으로 일하시는 하나님께서 우리를 찾아주실 줄로 믿는다. 그때 우리가 할 일은 두 가지이다. 살려달라고, 나를 기억해달라고 고백하는 것과 회개하는 것이다.

이번만
나를 강하게 하사

그런가 하면 두 번째로, 삼손의 기도에 나오는 한 마디가 더 있는데 "이번만 나를 강하게 하사"이다. 28절을 다시 보자.

삼손이 여호와께 부르짖어 이르되 주 여호와여 구하옵나니 나를 생각하옵소서 하나님이여 구하옵나니 이번만 나를 강하게 하사…

삿 16:28

그런데 이것을 오해하면 안 된다. "이번만 나를 강하게 하사"라는 구절은 30절에 나오는 삼손의 메시지와 같이 읽어야 된다. 30절을 보자.

삼손이 이르되 블레셋 사람과 함께 죽기를 원하노라… 삿 16:30

앞에서 '이번만 나를 강하게 하사'라는 기도를 통해 삼손이 원했던 것은 괴력을 발휘하던 그 시절로 다시 복귀시켜달라는 간구가 아니다. 삼손이 절박하게 구한 '이번만 나를 강하게 하사'는 '사명을 따라 가치 있게 잘 죽겠다'는 삼손의 의지가 담긴 기도였다.

왜 이렇게 절박한 기도를 드렸을까? 이렇게 비참하게 죽기는 너무 억울하다는 것이다. 이렇게 하나님나라를 위하여 아무런 공헌도 하지 못하고 인생을 끝내기에는 너무 비참하다는 것이다. 그래서 그가 구하는 것이 "이번만 나를 강하게 하사"인 것이다.

"하나님, 저를 살려주세요. 하나님, 저를 좀 건져주세요. 하나님, 이 초라한 웅덩이에 빠져 있는 저를 기억하시고 저 좀 살려주세요. 그렇게 하나님께서 저를 살려주시면 잘 죽겠습니다. 사명 감당하며 죽겠습니다."

최근에 나와 가깝게 지내는 한 목사님이 바로 이 대목과 관련해서 메일을 보내주셨다. 그 목사님이 보내신 문구 중에 이런 게 있었다.

"하나님의 자녀로 산다는 것이 무엇입니까? 바로 삼손이 처했던 마지막 그 자리에 서서 인생을 보며 사는 것입니다."

우리는 삼손이 마지막 순간에 절규하며 드렸던 기도를 기억하며, 눈 뽑히기 전에 이런 진지한 자세를 가지고 살아가면 좋겠다.

아직 기회 있을 때 삼손의 그 마지막 절규의 모습을 늘 기억하면서 "하나님, 살려주세요. 하나님 저 살려주시면 사명 감당하다가 죽겠습니다. 잘 죽겠습니다. 나를 이 땅에 보내주신 그 하나님의 뜻과 의미를 살리면서 죽겠습니다"라고 기도할 수 있다면, 삼손과 같은 그런 비참한 자리는 피할 수 있으리라고 믿는다.

신실하신 하나님을 기억하라

이런 절박한 기도와 더불어 우리가 진짜 기억해야 할 것이 하나 더 있다. 우리는 내 인생에 주신 약속, 그 약속을 지키시는 신실하신 하나님을 기억해야 한다. 무슨 말인가? 사사기 16장 30절은 31절과 더불어 삼손과 관련한 성경의 마지막 기록인데, 이 말씀을 보자.

삼손이 이르되 블레셋 사람과 함께 죽기를 원하노라 하고 힘을 다하여 몸을 굽히매 그 집이 곧 무너져 그 안에 있는 모든 방백들과 온 백성에게 덮이니 삼손이 죽을 때에 죽인 자가 살았을 때에 죽인 자보다 더욱 많았더라 삿 16:30

"삼손이 죽을 때에 죽인 자가 살았을 때에 죽인 자보다 더욱 많았더라."

성경은 이 말씀을 여기에 왜 끼워 넣었을까? 이것을 묵상하다가 정말 큰 은혜를 받았다. 이 말씀의 의미는 삼손의 인생 첫 출발에 주신 말씀인 사사기 13장 5절을 보면 알 수 있다.

보라 네가 임신하여 아들을 낳으리니 그의 머리 위에 삭도를 대지 말라 이 아이는 태에서 나옴으로부터 하나님께 바쳐진 나실인이 됨이라 그가 블레셋 사람의 손에서 이스라엘을 구원하기 시작하리라 하시니 삿 13:5

"삼손이 죽을 때에 죽인 자가 살았을 때에 죽인 자보다 더욱 많았더라"라고 하면서 삼손의 인생을 결론짓는 의미를 알겠는가? 하나님께서는 처음 삼손과 관련한 말씀을 주실 때에 삼손으로 하여금 "블레셋 사람의 손에서 이스라엘을 구원하기 시작하리라"라고 하신 그 약속을 신실하게 지키시는 하나님, 끝 간 데 없이 타락하여 하나님께서 주신 사명과는 정반대의 길로만 달려갔던 삼손이었지만 그런 삼손을 빚으사 결국 약속을 지키시는 하나님이다.

그리고 또 한 가지, 정말 눈물 나게 감격스러운 게 무엇인지 아는가? '믿음의 장'이라고 일컫는 히브리서 11장에는 우리에게 귀감이 되고 본이 되는 믿음의 인물들이 쭉 열거되어 있는데, 32절을 보자.

내가 무슨 말을 더 하리요 기드온, 바락, 삼손, 입다, 다윗 및 사무엘과 선지자들의 일을 말하려면 내게 시간이 부족하리로다 히 11:32

이것이 믿어지는가? 아무리 보고, 또 보고, 다시 봐도 삼손은 실패한 인생이다. 그런데 하나님께서는 놀랍게도 이런 실패한 인물 삼손을 모든 사람이 귀감으로 삼을 만한 믿음의 인물 명단에 등재시키고 계신다.

눈물 나는 일 아닌가? 나는 인생을 허비하기만 했는데, 나는 어리석어서 하나님의 뜻이 뭔지도 모르고 살았는데, 내가 내 꼴을 보니 초라하기 짝이 없는데, 나는 영락없이 눈 뽑힌 삼손과 같은 꼴인데 신실하신 하나님께서는 이렇게 말씀하신다.

"네 인생은 헛되지 않아. 내가 너를 이 땅에 보낼 때 내가 원했던 그 일이 다 이루어졌어. 너의 이름도 믿음 장에 기록할 수 있어."

우리가 이 사실을 자각하게 된다면 다시 힘을 낼 수 있지 않겠는가? 내 인생을 주도적으로 인도해주시는 하나님이 계신다. 그래서 삼손의 이야기는 실패한 한 인간의 이야기가 아니라, 하나님 앞에서 실패한 것처럼 보이지만 하나님이 성공한 인생이라고 인정해주시는 위대한 한 인물에 관한 이야기이다.

우리도 인생의 맨 마지막 기록에 이런 놀라운 하나님의 개입하심으로 "네 인생은 비록 부실했지만, 내가 너에게 원했던 그 모든 사명을 다 이룬 멋진 삶이었다"라고 남을 수 있기를 바란다. 이 한마

디를 꿈꾸면서 날마다 새 힘을 얻어 달려 나가는 우리가 되기를 주
님의 이름으로 축복한다.

레위기 11장 45절

나는 너희의 하나님이 되려고 너희를 애굽 땅에서 인도하여 낸 여호와라 내가 거룩
하니 너희도 거룩할지어다

chapter **12**

거룩이 능력이다

삼손의 이야기를 마치면서 우리가 기억해야 할 한 가지는 바로 '거룩이 능력'이란 사실이다.

하나님께서 거룩을 얼마나 강조하시는가?

나는 너희의 하나님이 되려고 너희를 애굽 땅에서 인도하여 낸 여호와라 내가 거룩하니 너희도 거룩할지어다 레 11:45

여호와께서 모세에게 말씀하여 이르시되 너는 이스라엘 자손의 온 회중에게 말하여 이르라 너희는 거룩하라 이는 나 여호와 너희 하나님이 거룩함이니라 레 19:1,2

너희가 내게 대하여 제사장 나라가 되며 거룩한 백성이 되리라 너는

이 말을 이스라엘 자손에게 전할지니라 출 19:6

그들이 또 순금으로 거룩한 패를 만들고 도장을 새김같이 그 위에 여호와께 성결이라 새기고 출 39:30

하나님께서는 모세에게 제사장의 머리에 쓰는 관에다가 '여호와께 성결'이란 문구가 새겨진 패를 덧씌우라고 명령하셨다. 이 부분을 영어성경으로 보면 굵은 대문자로 이렇게 되어 있다.

'HOLY TO THE LORD'

한 글자 한 글자를 대문자로 써놓은 것은 무엇을 의미하는가? '하나님을 향한 거룩'을 그만큼 강조하는 것 아니겠는가?

이처럼 하나님은 십자가로 변화 받은 우리가 거룩하기를 원하신다. 그렇기 때문에 우리는 온 마음을 다해 거룩을 추구해야 한다.

그런데 여기서 한 가지 다루고 싶은 문제 제기가 있다. 그 당시 가나안은 한마디로 극심한 타락의 땅이었다. 가나안 사람들이 믿던 바알은 음란을 바탕으로 한 종교였다. 또한 풍요를 향한 욕망이 넘쳐서 풍요를 위해서라면 무슨 짓이라도 하는 사회적 분위기가 조성되어 있었다. 하나님께서 거룩을 그토록 강조하시는 분이시라면, 어떻게 이스라엘 백성을 그 타락한 땅 가나안으로 인도하실 수가 있는가 하는 것이다.

거룩은
독야청청이 아니다

나는 이런 문제 제기를 통해서 하나님이 진짜 원하시는 거룩이 무엇인지 알 수 있다고 생각한다. 히브리어로 '거룩'은 '카도쉬'(Kadosh)이다. 카도쉬는 영어 단어로 'cut', 우리말로 하면 '베다, 자르다'라는 의미이다. 그 당시에는 주로 '구별되다'라는 뜻으로 사용되었다. 이것이 뭘 의미하는가?

우리는 '거룩'을 정적인 것, 홀로 고립되어 뭔가를 해내는 것으로 생각할 때가 많다. 물론 그런 것도 포함된다. 하지만 하나님이 원하시는 '거룩'은 단독적으로 존재하는 단어라기보다 반(反)하나님적인 환경에서 존재하는 단어이다. 이런 의미에서 하나님께서는 정말 '거룩'을 원하셨기 때문에 이스라엘 백성을 그 타락한 도성 가나안으로 인도하실 수밖에 없으셨던 것이다.

다시 강조하자면, 하나님이 원하시는 '거룩'은 독야청청이 아니다. 하나님은 타락한 땅 가나안에 들어가 그들과 구별된 삶, 그들과 다르게 사는 삶을 구현해내는 것을 '거룩'이라고 생각하셨다.

이런 하나님의 마음은 출애굽기 12장 38절에서도 드러난다.

수많은 잡족과 양과 소와 심히 많은 가축이 그들과 함께하였으며

출 12:38

출애굽 당시 이스라엘 백성들의 모습을 묘사했는데, 여기에 보니까 이스라엘 백성만 있는 게 아니었다. 잡족들, 그것도 조금 있던 게 아니라 '수많은'이라는 표현을 썼다. 수많은 잡족이 이스라엘 백성과 섞여 있었다는 것이다. 그들이 얼마나 오염되고 악한 생각과 문화를 쏟아냈겠는가? 그 수많은 잡족이 섞여 있던 당시에 하나님이 이스라엘 백성들에게 원했던 모습이 이것이다.

나는 너희의 하나님이 되려고 너희를 애굽 땅에서 인도하여 낸 여호와라 내가 거룩하니 너희도 거룩할지어다 레 11:45

여기에서 하나님이 생각하시는 거룩의 의미가 무엇인지 드러나지 않는가? 하나님은 그 수많은 잡족을 솎아내는 것을 거룩이라 하지 않으시고, 그 수많은 잡족 속에서 거룩을 구현하라고 하신다. 무슨 뜻인가? 그들과 구별된 삶을 드러내는 것이 거룩이라는 것이다.

삼손이 실패한 게 바로 이 문제 아닌가? 삼손은 나실인으로 알려져 있는데, '나실인'이라는 직분 자체가 '구별된 자'라는 뜻을 가지고 있다. 그런데 삼손이 어리석었던 게 무엇인가? 삼손은 그저 눈에 보이는 머리카락 긴 것으로 다른 사람과 구별되고자 했다. 그래서 망할 때까지 머리카락 안 잘리려고 애쓰다가 끝난 게 삼손 아닌가?

하나님이 원하시는 '구별됨'은 그런 식의 외적인 것으로, 눈에 보이는 머리카락으로 구별되는 것이 아니다. 하나님은 삼손이 말로 다할 수 없이 타락했던 그 시대, 역겨운 냄새가 진동하던 사사 시대에 하나님의 사람으로서 영적으로, 도덕적으로 깨끗한, 그래서 구별되는 나실인이 되기를 원하셨다.

삼손처럼 눈에 보이는 데만 신경 쓰는 것, 바로 이것이 오늘날 우리의 부끄러운 모습이 아닌가? 직장에서 예수 안 믿는 사람과 우리 사이에 어떤 구별이 있는가? 기껏해야 우리가 드러내는 것은 주일날 성경책 끼고 교회에 가는 것 정도 아닌가? 주일날 교회에 가니 '교회 다니나보다' 하지, 그것 말고 드러나는 게 뭐가 있는가?

세상 속에서 거룩하라

너희는 이 세대를 본받지 말고 오직 마음을 새롭게 함으로 변화를 받아 하나님의 선하시고 기뻐하시고 온전하신 뜻이 무엇인지 분별하도록 하라 롬 12:2

나는 로마서 12장 2절 말씀이 이렇게 읽혀진다.
"이 세대를 본받지 말고 거룩하라."
언젠가 미국의 필라델피아에 집회를 간 적이 있는데, 초청해주신 목사님이 보여줄 게 있다고 하면서 어디론가 나를 데려갔다. 차를 타고 한참을 달려 도시 근교로 가더니 한 곳을 가리키며 말했다.

"목사님, 저기 보이세요? 저곳이 아미시 타운이란 곳이에요."

아미시는 기독교 교파 중 하나로, 그들은 오염된 세상에서 사는 것이 너무 힘들어서 세상과 격리되어 살아간다. 그래서 자기들끼리 마을을 이뤘다. 그들은 현대적인 문명을 다 거부하고 마을 안에 넓게 펼쳐진 초원에서 농사를 지어 필요한 것들을 거의 다 자급자족하여 생활하는 것으로 알려졌다. 정말 놀라운 건, 그들은 지금도 마차를 타고 다닌다는 것이다. 그리고 국가에 세금은 당연히 내지만, 미국 정부의 도움은 전혀 받지 않은 채 고립된 생활을 해나가고 있다.

이처럼 그들은 현대 문명사회에서 벗어나기 위해 엄격한 규율에 따라 18세기 말 경처럼 생활하는 특징을 가졌는데, 왜 그런 고립된 생활을 자처할까? 타락한 현대 문명을 받아들이지 않겠다는 것이다.

나는 때로 그때 보았던 그 풍경을 떠올리곤 한다. 하루가 멀다 하고 복잡하고 어지러운 뉴스와 소식들이 전해질 때면 아미시 타운이 생각난다.

'나도 험한 일 안 보고 세상과 동떨어져 살고 싶다. 지리산 깊은 곳에 들어가 농사지으며 살면 얼마나 편할까?'

나도 모르게 탄식처럼 이런 생각을 할 때가 있다. 하지만 나는 안다. 하나님은 결코 그런 격리된 삶을 원하지 않으신다는 사실을. 하나님이 원하시는 '거룩'은 그런 게 아니다. 잡족들 다 뽑아내고 우리끼리 독야청청하는 거룩이 아니다.

요한복음 17장의 예수님이 제자들을 위해 드리는 기도에서 우리는 거룩이 무엇인지 알 수 있다. 요한복음 17장 15,16절의 예수님의 기도를 들어보라.

내가 비옵는 것은 그들을 세상에서 데려가시기를 위함이 아니요 다만 악에 빠지지 않게 보전하시기를 위함이니이다 내가 세상에 속하지 아니함같이 그들도 세상에 속하지 아니하였사옵나이다 요 17:15,16

세상에 머물고 있지만 세상에 속하지 않은 삶의 형태, 이것이 거룩이다. 계속해서 이어지는 주님의 기도를 들어보라.

그들을 진리로 거룩하게 하옵소서 아버지의 말씀은 진리니이다
요 17:17

여기에도 거룩이 나온다. 그다음 18,19절도 보라.

아버지께서 나를 세상에 보내신 것같이 나도 그들을 세상에 보내었고 또 그들을 위하여 내가 나를 거룩하게 하오니 이는 그들도 진리로 거룩함을 얻게 하려 함이니이다 요 17:18,19

우리는 주님의 기도 속에서 주님이 원하시는 거룩이 무엇인지를 알게 된다. 세상 속에서 거룩하라는 것이다. 이런 의미에서 우리는 세상이 아무리 혼잡하고 복잡해도 아미시타운을 그리워해선 안 된다. 복잡한 세상 속에서 우리가 싸워야 할 것은 무엇인가?

'나는 이 땅에 발을 딛고 살아가고 있지만, 나는 세상에 속한 자가 아니다. 나는 세상의 영향을 받는 사람이 아니다.'

이것을 구현해내는 게 바로 하나님이 원하시는 거룩이다.

하나님이 기뻐하시는 거룩에 도전하라

오늘 예수 믿는 모든 크리스천들에게 부탁하고 싶다. 우리 다시 한번 도전하자. 우리 주님은 우리를 너무너무 사랑하는 분이시다. 그래서 어제까지는 거룩에 대한 개념을 잘 몰라서 세상에 뒤섞여 살았더라도 오늘 새롭게 결단하고 "하나님, 제가 오늘 다시 시작해도 될까요?"라고 회개하며 은혜를 구하면 받아주신다. 그러니 오늘부터 하나님이 기뻐하시는 거룩을 위해 몸부림치는 우리 모두가 되었으면 좋겠다.

도전하는 것이 얼마나 중요한가? 내가 청년 집회에 갈 때마다 종종 하는 이야기가 있다. 골리앗에게 도전했던 다윗에 대한 이야기다. 사람들은 다윗이 골리앗을 이긴 결과만을 가지고 물맷돌로 골리앗을 물리친 것이 기적이라고들 하는데, 나는 생각이 좀 다르다.

그날을 한번 이렇게 상상해보라. 만약 다윗이 골리앗을 향해 물맷돌을 던졌는데, 골리앗이 생각보다 날렵하여 싹 피했다. "그리고 5초 뒤에 다윗이 골리앗에게 밟혀 죽었더라"라고 성경에 기록되었다면 다윗은 실패한 인생인가? 나는 그렇게 생각하지 않는다. 하나님은 그런 식으로 결과만을 가지고 평가하시는 분이 아니다.

다윗이 골리앗을 향해 물맷돌을 던져서 그를 쓰러뜨린 것도 물론 엄청난 기적이고 놀라운 일이지만, 하나님은 그 어린 소년 다윗이 하나님의 이름으로 괴물 같은 골리앗을 향해 도전장을 던지고 덤빌 수 있었다는 사실 자체가 기적이고 놀라운 일이라고 평가하신다.

'세상이 얼마나 악한데, 얼마나 거대한데 나 같은 게 어떻게 이기겠어?'

이런 이유로 전의를 상실한 이 시대 크리스천들에게, 특히 청년들에게 부탁한다. 이길 수 있는 확률 같은 것 계산하지 말고, 다윗처럼 하나님이 주신 물맷돌 하나 들고 골리앗에게 한번 도전장을 던져보자.

다시 도전하기 위해
잘라내라

도전장을 던지기 원한다면 꼭 기억해야 될 게 하나 있는데, 지금부터 잘라내야 한다는 것이다.

앞에서 거룩을 의미하는 '카도쉬'가 영어로 'cut', 잘라낸다는 뜻이 있다고 했다. 잘 잘라내서 '성자'로 불린 한 사람이 있는데, 바로 어거스틴이다.

어거스틴은 젊은 시절 엄청나게 방탕한 생활을 했다고 한다. 그 랬던 그가 예수님을 영접하고 성자라 일컬어지는 귀한 자리까지 가 게 됐다. 그가 어떻게 그렇게 될 수 있었을까? 'cut', 잘라내는 것을 잘했기 때문이다.

한번은 타락한 생활을 다 청산한 어거스틴이 길을 가다가 옛날 방탕하던 시절에 자주 어울리던 여자와 마주쳤다. 그 여자가 어거 스틴을 알아보고 물었다.

"혹시 어거스틴 아니에요? 요새는 왜 놀러 오지 않으세요?"

그러자 어거스틴이 한마디 했다.

"당신이 전에 알던 그 어거스틴은 이미 죽었습니다."

이게 'cut' 아닌가? 복잡한 얘기 필요 없다. 이런저런 핑계를 댈 필 요도 없다. 그냥 잘라내는 것이다.

요셉도 마찬가지 아닌가? 주인집 여자인 보디발의 아내가 요셉 을 유혹하고 옷을 벗기려고 했다. 성적인 유혹은 영적인 것이다. 한 번 걸려들었다 하면 벗어나기 힘들다. 그 여자가 체면이고 뭐고 없 이 막 달려들며 젊고 잘생긴 요셉의 옷을 벗기려고 하자 요셉의 반 응이 어땠는가?

그 여인이 그의 옷을 잡고 이르되 나와 동침하자 그러나 요셉이 자기

의 옷을 그 여인의 손에 버려두고 밖으로 나가매 창 39:12

거두절미하고 'cut', 잘라버렸다.

나는 우리 세 아이에게 종종 이런 얘기를 한다.

"너희들이 인터넷으로 자꾸 유혹을 받는 상황이 오면 아빠에게 말해. 당장 인터넷 끊어줄게. 스마트폰이 자꾸 너희들을 유혹하면 얘기해. 2G폰으로 바꿔줄게."

아직 아이들이 내게 그런 부탁을 한 적은 한 번도 없다. 그러나 나는 진짜 우리 아이들이 그러기를 원한다. 'cut', 끊어버리기를 원한다.

그런 의미에서 오늘 우리 청년들이나 기성세대나 할 것 없이 크리스천들이 다 일어나 악한 세상에 도전하기를 원한다. 악한 세상에 도전하기 위해서 우리가 꼭 알아야 할 두 가지가 있다.

거룩이 능력이란
사실을 확신하라

첫째로, 우리가 악한 세상에 도전하기 원한다면 '거룩이 능력'이란 사실을 확신해야 한다.

큰 집에는 금 그릇과 은 그릇뿐 아니라 나무 그릇과 질그릇도 있어 귀하게 쓰는 것도 있고 천하게 쓰는 것도 있나니 그러므로 누구든지 이런 것에서 자기를 깨끗하게 하면 귀히 쓰는 그릇이 되어 거룩하고 주인의 쓰심에 합당하며 모든 선한 일에 준비함이 되리라 딤후 2:20,21

이 말씀의 구조를 보라. 진짜 하고 싶은 말은 21절이다. 누구든지 이런 것에서 자기를 깨끗하게 하면 그게 귀한 그릇이라는 말을 하고 싶은 것이다.

그런데 그 앞에 세상적인 논리가 있다. 큰 집에는 금 그릇과 은그릇도 있고, 나무 그릇과 질그릇도 있다는, 요즘으로 치면 금수저도 있고 흙수저도 있다는 것이다. 세상은 금수저, 흙수저로 사람을 구분하지만 하나님은 그가 얼마나 깨끗한가, 얼마나 거룩한가, 얼마나 구별된 삶을 사는가로 구분하신다.

앞에서 말했듯이, 다윗이 그날 골리앗에게 덤볐다가 밟혀 죽었다 해도 왜 그가 실패한 인생이 아닐 수 있는가? 하나님의 기준에서 다윗은 이미 깨끗한 그릇, 거룩한 그릇이기 때문에 승패와 관계없이 금 그릇이라는 뜻이다.

하나님의 말씀대로 살다가 상하고, 실패하고, 찢기고, 아픔을 경험한 경험이 있다면, 그 자체를 하나님이 귀히 보시고 큰 그릇, 귀한 그릇으로 인정해주신다는 사실을 인식하게 되기 바란다.

무릇 하나님께로부터 난 자마다 세상을 이기느니라 세상을 이기는 승리는 이것이니 우리의 믿음이니라 요일 5:4

이 사실을 믿는가? 우리는 거룩이 능력이라는 사실을 너무 오래 잊고 살았다.

얼마 전에 광고 문구를 보고 바로 주문한 책이 하나 있다. 《처음으로 기독교인이라 불렀던 사람들》이란 제목의 책이다. 초대교회가 어떻게 능력 있는 부흥을 경험했는지를 다룬 책인데, 내가 이 책을 주문하게 한 출판사 리뷰가 이렇다.

"기독교인은 서기 40년경에 1,000명으로 시작했지만 100년에는 1만 명, 200년경에는 20만 명으로, 그리고 300년경에는 500~600만 명으로 늘어난다. 당시 로마의 기득권층으로부터 '사악한 신종 미신'이라고 치부 받던 기독교의 파격적인 성장, 그 이면에는 과연 어떤 이유가 있었던 것일까?"

이런 질문을 던지면서, 저자가 꼽은 세 가지 이유를 이렇게 정리했다.

첫째, 기독교가 당시의 다른 종교와는 다르게 매우 윤리적인 종교였다는 점이다.

둘째, '책의 종교'로 대변되는 속성이다.

셋째, 탈(脫)민족적이고 탈(脫)신분적인 성격의 종교라는 특징이다.

내게는 이 세 가지가 다 너무 의미 있게 다가왔다. 책의 종교로 대변되는 속성을 말하자면, 우리는 하나님의 말씀을 성경으로 기록해서 늘 읽고, 묵상하고, 암송하고, 바라는 종교이다. 그런가 하면 탈 민족적이고 탈신분적인 성격의 종교라는 특징을 보자면, 하나님은 잘난 사람, 성공한 사람, 똑똑한 사람만 예뻐하시는 게 아니라 낮고 천한 우리 인간들을 민족을 초월하여 품고 사랑하시며, 그것이 능력이 되었다.

특히 첫째 이유가 내게 가장 감동이 되었다. 기독교가 당시 다른 종교와는 다르게 매우 윤리적인 종교였다는 게 힘이었다고 한다면, 오늘날 한국교회가 힘을 잃어버린 것도 같은 원리로 볼 수 있는 것 아닌가? 오늘날 한국교회가 이렇게 초라하고 부끄러운 공동체가 되어버린 것은 세상에서 윤리를 잃어버렸기 때문 아닌가?

중세시대에 종교개혁이 왜 필요했는가? 지도자들의 타락으로 윤리를 잃어버렸기 때문 아닌가? 변방에서 사역하던 루터라는 무명의 한 사제가 어떻게 그 당시 거대했던 교황청을 상대로 종교개혁을 이루어낼 수 있었는가? 다윗이 골리앗을 향하여 싸움을 걸었던 것과 같은 행동이 어떻게 가능했는가? 간단하다. 거룩이 능력이 되었기 때문이다.

요한복음 16장 33절을 보자.

이것을 너희에게 이르는 것은 너희로 내 안에서 평안을 누리게 하려 함이라 세상에서는 너희가 환난을 당하나 담대하라 내가 세상을 이기었노라 요 16:33

이 말씀을 마음으로, 믿음으로 받아들이는 우리가 되기를 바란다. 담대하라! 주님이 세상을 이기셨다.

쏟아지는 영광에 흠뻑 잠겨라

둘째로, 우리가 악한 세상에 도전하기 위해서는, 즉 '거룩이 능력'이란 사실을 가지고 세상과 싸워 이기기 위해서는 '쏟아지는 영광'에 흠뻑 잠겨야 한다.

게리 토마스가 쓴 《거룩이 능력이다》란 책에 보면, 참 가슴 벅찬 대목이 나온다.

"거룩은 하지 않아야 할 일들의 목록을 만드는 것이 아니라, 넘치도록 쏟아지는 영광의 물벼락에 흠뻑 잠겨 열정적으로 그리스도를 닮아가는 일이다."

이것을 우리의 마음에 깊이 새겨두었으면 좋겠다. 세상이 썩었네, 어쩌네 얘기할 필요 없다. 세상이 언제는 안 썩었는가? 우리는 썩은 세상을 바라보는 것이 아니라 하나님을 갈망해야 한다.

"하나님, 넘치도록 쏟아지는 영광의 물벼락을 원합니다. 넘치도록 부어지는 영광의 능력을 원합니다. 예배 때마다 원합니다. 예배 때마다 넘치게 부어주시는 영광을 허락해주심으로 이 세상과 구별된 삶, 거룩을 살아낼 수 있기를 원합니다."

이것을 100퍼센트 구현해낸 인물이 구약의 이사야 선지자이다.

내가 정말 좋아하는 성구 중 하나가 이사야서 6장 1-3절이다.

> 웃시야 왕이 죽던 해에 내가 본즉 주께서 높이 들린 보좌에 앉으셨는데 그의 옷자락은 성전에 가득하였고 스랍들이 모시고 섰는데 각기 여섯 날개가 있어 그 둘로는 자기의 얼굴을 가리었고 그 둘로는 자기의 발을 가리었고 그 둘로는 날며 서로 불러 이르되 거룩하다 거룩하다 거룩하다 만군의 여호와여 그의 영광이 온 땅에 충만하도다 하더라 사 6:1-3

지금 이사야가 목도한 스랍들의 모습이 뭘 가리고 뭘 드러내는가? 자기의 영광을 두 날개로 다 가린다. 자기 얼굴을 가리고 자기 발을 가린다. 그리고 뭘 드러내는가? "거룩하다 거룩하다 거룩하다 만군의 여호와여" 하며 쏟아 부어지는 하나님의 영광을 드러낸다. 그것을 이사야가 목도한 것이다.

이사야가 살던 그 시대는 오늘의 대한민국보다 조금도 뒤지지 않는 타락한 시대였다. 하나님은 그 시대를 향하여 머리부터 발끝까지 성한 게 하나도 없다고 하셨다. 그 악한 시대에 이사야는 쏟아지는 하나님의 영광을 목도했기 때문에 위대한 선지자가 될 수 있었다. 나는 우리 모두가 예배 때마다 쏟아지는 하나님의 영광을 누리게 되기를 바란다.

요즘 젊은이들에게 유명한 젊은 CEO 안준희라는 청년이 있다. 그는 직원들에게 아주 파격적이고 인격적인 대우를 해주어 화제가 되었는데, 그의 강의를 듣다가 벅찬 감동을 느낀 적이 있다.

그는 강의 중에 히버드대학교 총장을 지낸 나단 푸시의 말을 인용하는데, 나단 푸시가 말하기를 청년의 가슴을 이끌 수 있는 요소가 5가지 있다고 한다. 첫째가 흔들 수 있는 깃발, 둘째가 변하지 않는 신념, 셋째가 따를 수 있는 지도자, 넷째가 평생을 함께할 친구, 다섯째가 함께 부를 수 있는 노래라고 한다.

그러면서 예수 안 믿는 청년들 앞에서 자기 이야기를 쭉 간증하듯이 전했는데, 자신이 크리스천이라고 당당히 밝히면서 자기 삶 자체가 흔들 수 있는 깃발이 있었기 때문에, 또 변하지 않는 신념이 있었기 때문에 오늘 이 자리까지 올 수 있었다고 고백했다. 그 고백을 듣고 있자니 그 청년이 이 정도로 자기 확신을 가지고 세상을 헤쳐나갈 수 있었던 것은 예수 그리스도가 그에게 '따를 수 있는 지도자'가 되어주셨기 때문이란 생각이 들었다.

나 역시도 23살에 예수님을 인격적으로 만난 이후 예수님이 내 삶에 '따를 수 있는 지도자'가 되어주셨고, 그 결과 주님은 내게 '청년의 가슴을 이끌 수 있는 5가지 요소'를 다 주셨다. 그 덕분에 내가 오늘 이 자리까지 왔다고 생각하며 강의를 듣자니 마음에 벅찬 감격이 밀려왔다.

당신은 어떤가? 흔들 수 있는 깃발이 있는가? 지금 깃발이 풀이 다 죽어 있다면 흔들 수 있는 깃발로 만들어주시는 예수 그리스도를 다시 의지해야 한다.

사랑의 선순환이 일어나야 한다

또한 기성세대에게 부탁하고 싶다. 우리 청년들을 위해 축복하고 격려하고 응원하기 전에 우리가 먼저 따를 수 있는 지도자이신 예수 그리스도를 통해 흔들 수 있는 깃발, 변하지 않는 신념, 따를 수 있는 지도자, 평생을 함께할 친구, 함께 부를 수 있는 노래를 경험해야 한다.

선순환이 일어나야 한다. 아직 어린 우리 청년들이 예수님을 인격적으로 생생하게 만나는 게 쉬운 일은 아니다. 그렇다면 우리가 먼저 흔들 수 있는 깃발이 되어주시는 주님을 경험하고, 가슴 벅차게 거룩을 구현해내고 이것을 우리 다음세대에게 전수해야 하는 것이다. 바로 이것이 바울이 빌립보서 3장 17절에서 주신 말씀의 의미 아닌가?

형제들아 너희는 함께 나를 본받으라 빌 3:17

잘못 들으면 자기 자랑하는 것 같은 이 말씀을 하나님은 왜 성경에 그대로 두셨을까? 고린도전서 11장 1절을 보라. 단순한 자기 자랑이 아니다.

내가 그리스도를 본받는 자가 된 것같이 너희는 나를 본받는 자가 되라 고전 11:1

사랑의 선순환이다. 우리는 이렇게 말할 수 있는가?

언젠가 좀 특별한 경험을 한 적이 있다. 어느 리더십 스쿨에 강사로 초청받아 갔는데, 가서 보니 유명한 가수가 앉아 있고, 사업하는 분들, 각 분야에 성공한 분들이 쫙 앉아 있었다. 그 분들에게 강의를 하면서, 유혹이 많은 세상이지만 싸워 이겨야 한다는 것을 강조하며 이런 말을 했다.

"저도 얼마나 많은 유혹에 흔들렸는지 아십니까? 수많은 유혹 앞에 흔들리며 위기를 겪으며 여기까지 왔습니다."

이런 이야기를 굉장히 과장되게 말했다. 강의를 마치고 집으로 돌아오는데, 계속 마음이 불편했다.

'내가 왜 그렇게 과장되게 이야기를 했지?'

그리고 그다음 날 새벽에 일찍 잠에서 깨어 자리에 앉는데 성령님이 어젯밤 내 마음이 불편했던 이유를 가르쳐주셨다. 꾸짖으셨던 것 같다. 그날 내가 받았던 단어 하나가 있었는데, '위악'이었다. 위선도 나쁘지만 위악도 나쁘다는 것이다.

전날 밤 강의하면서 나는, 유혹이 많은 세상을 살아가는 성도들을 격려하느라 나 자신을 과장스럽게 표현하며 나에게도 유혹이 많고 흔들린다는 이야기를 많이 했는데, 그 태도가 옳지 않다는 것이다. 위악도 나쁜 것이라고, 왜 그렇게 과장되게 흔들리고 있다는 것을 강조하느냐고 말씀하셨다.

하나님께서는 목사인 내가 유혹이 많은 세상을 살아가는 성도들에게 공감해주느라 "나도 유혹에 흔들리는 것을 겨우 겨우 이기면서 왔다"라고 과장되게 말하는 것보다, 바울이 그랬던 것처럼 당당하게 그런 유혹을 가차 없이 이겨내면서 여기까지 왔노라고, 그러니 내가 그리스도를 본받는 자 된 것같이 성도들도 '나를 본받기 바란다'라고 당당히 말하는 목회자가 되기를 원하셨던 것이다.

우리 기성세대 크리스천들이 젊은이들에게 당당하게 선포하자.

"나는 그렇게 흔들리지 않는다. 유혹이 많은 것은 사실이지만, 흔들리지 않는다. 기준이 되시는 하나님을 바라보고 가는데 왜 흔들리는가?"

우리 부모들은 자녀들에게 이렇게 당당하게 말하는 부모가 되도록 하자.

"아빠는, 엄마는 너희들 앞에서 부끄럽지 않단다. 유혹이 많았지만 흔들리지 않았기 때문이지. 왜 흔들리겠니? 예수 믿는 아버지인데. 예수 믿는 어머니인데!"

우리 자녀들에게, 다음세대에게 그렇게 응원하고 격려해주는 우리가 될 수 있기를 바란다. 그래서 거룩이 능력임을 알고, 그 거룩을 위하여 흠뻑 부어주시는 영광을 사모하는 우리가 되기를 주님의 이름으로 축복한다.

이번만 나를 강하게 하사

초판 1쇄 발행	2018년 1월 30일
초판 9쇄 발행	2023년 2월 25일

지은이　이찬수

펴낸이　여진구
책임편집　이영주
편집　박소영 최현수 안수경 김도연 김아진 정아혜
책임디자인　마영애 | 노지현 조은혜 이하은
홍보·외서　진효지
마케팅　김상순 강성민　　마케팅지원　최영배 정나영
제작　조영석　　경영지원　김혜경 김경희 이지수

303비전성경암송학교 박정숙
이슬비전도학교 / 303비전성경암송학교 / 303비전꿈나무장학회

펴낸곳　규장

주소　06770 서울시 서초구 매헌로 16길 20(양재2동) 규장선교센터
전화　02)578-0003　　팩스　02)578-7332
이메일　kyujang0691@gmail.com　　홈페이지　www.kyujang.com
페이스북　facebook.com/kyujangbook　　인스타그램　instagram.com/kyujang_com
카카오스토리　story.kakao.com/kyujangbook
등록일　1978.8.14. 제1-22

ⓒ 저자와의 협약 아래 인지는 생략되었습니다.
이 출판물은 저작권법에 의해 보호를 받는 저작물이므로 무단 전재와 무단 복제를 할 수 없습니다.

책값　뒤표지에 있습니다.
ISBN 978-89-6097-525-5 03230

규 | 장 | 수 | 칙

1. 기도로 기획하고 기도로 제작한다.
2. 오직 그리스도의 성품을 사모하는 독자가 원하고 필요로 하는 책만을 출판한다.
3. 한 활자 한 문장에 온 정성을 쏟는다.
4. 성실과 정확을 생명으로 삼고 일한다.
5. 긍정적이며 적극적인 신앙과 신행일치에의 안내자의 사명을 다한다.
6. 충고와 조언을 항상 감사로 경청한다.
7. 지상목표는 문서선교에 있다.

하나님을 사랑하는 자 곧 그의 뜻대로 부르심을 입은 자들에게는 모든 것이 合力하여 善을 이루느니라(롬 8:28)

규장은 문서를 통해 복음전파와 신앙교육에 주력하는 국제적 출판사들의 협의체인 복음주의출판협회(E.C.P.A:Evangelical Christian Publishers Association)의 출판정신에 동참하는 회원(Associate Member)입니다.